Das
Zahlenbuch 1
Arbeitsheft

Von Erich Ch. Wittmann, Gerhard N. Müller,
Marcus Nührenbörger und Ralph Schwarzkopf

Bearbeitung der Ausgabe 2022:
Marcus Nührenbörger, Ralph Schwarzkopf,
Melanie Bischoff, Daniela Götze, Birgit Heß

Ernst Klett Verlag
Stuttgart · Leipzig · Dortmund

Lehrer

Inhalt

Zählen und Erzählen

1

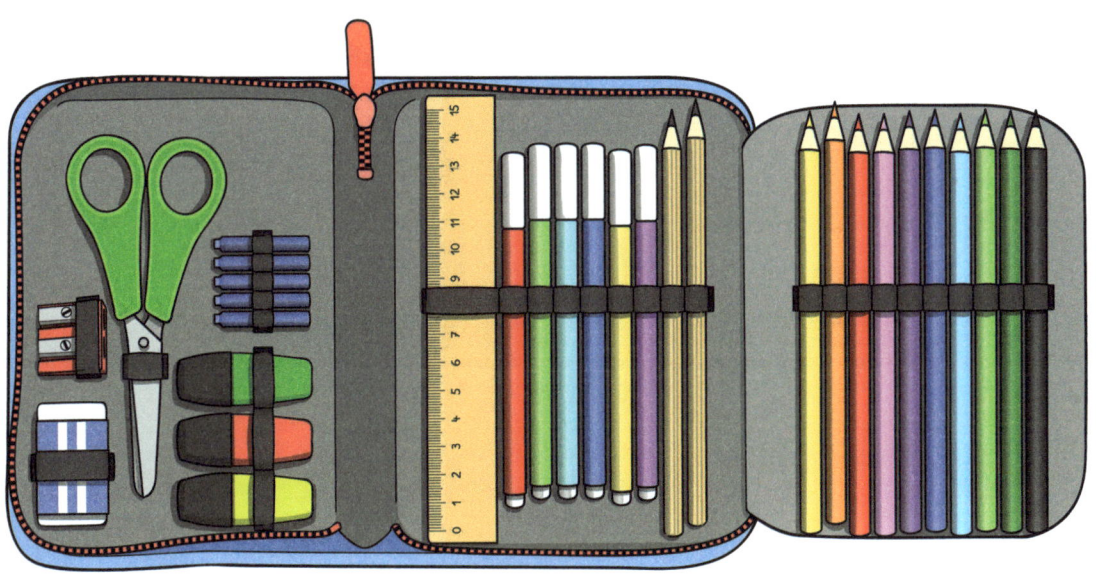

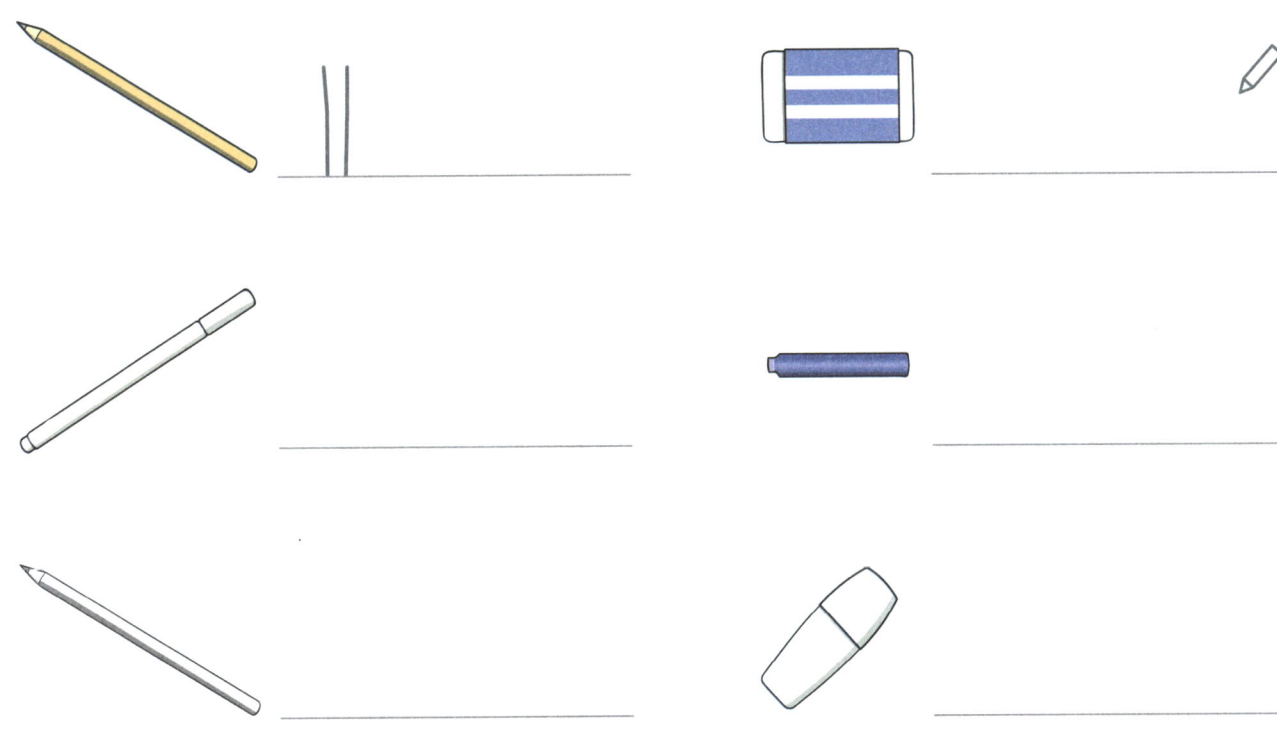

2

1 Anzahlen der Gegenstände im Etui bestimmen. Zählen und Dokumentieren der Materialien des eigenen Etuis (KV).
2 Beginn des Ziffernschreibkurs (KV).

→ Schulbuch, Seiten 4/5

Zahlen in der Umwelt

1

2 Zahlen zu Hause.

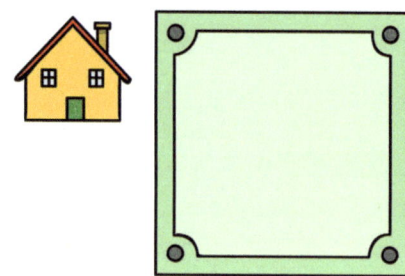

1 Zahlen in der Umwelt bewusst erkennen, Zahlen ggf. nachspuren. **2** Zu Hause auf Zahlen aufmerksam werden (wie z.B. Telefonnummer, Hausnummer, Autokennzeichen, Anzahl der Familienmitglieder, Tiere, Geburtstag, Kalender ...).

→ Schulbuch, Seiten 6/7

Zahlen bis 10

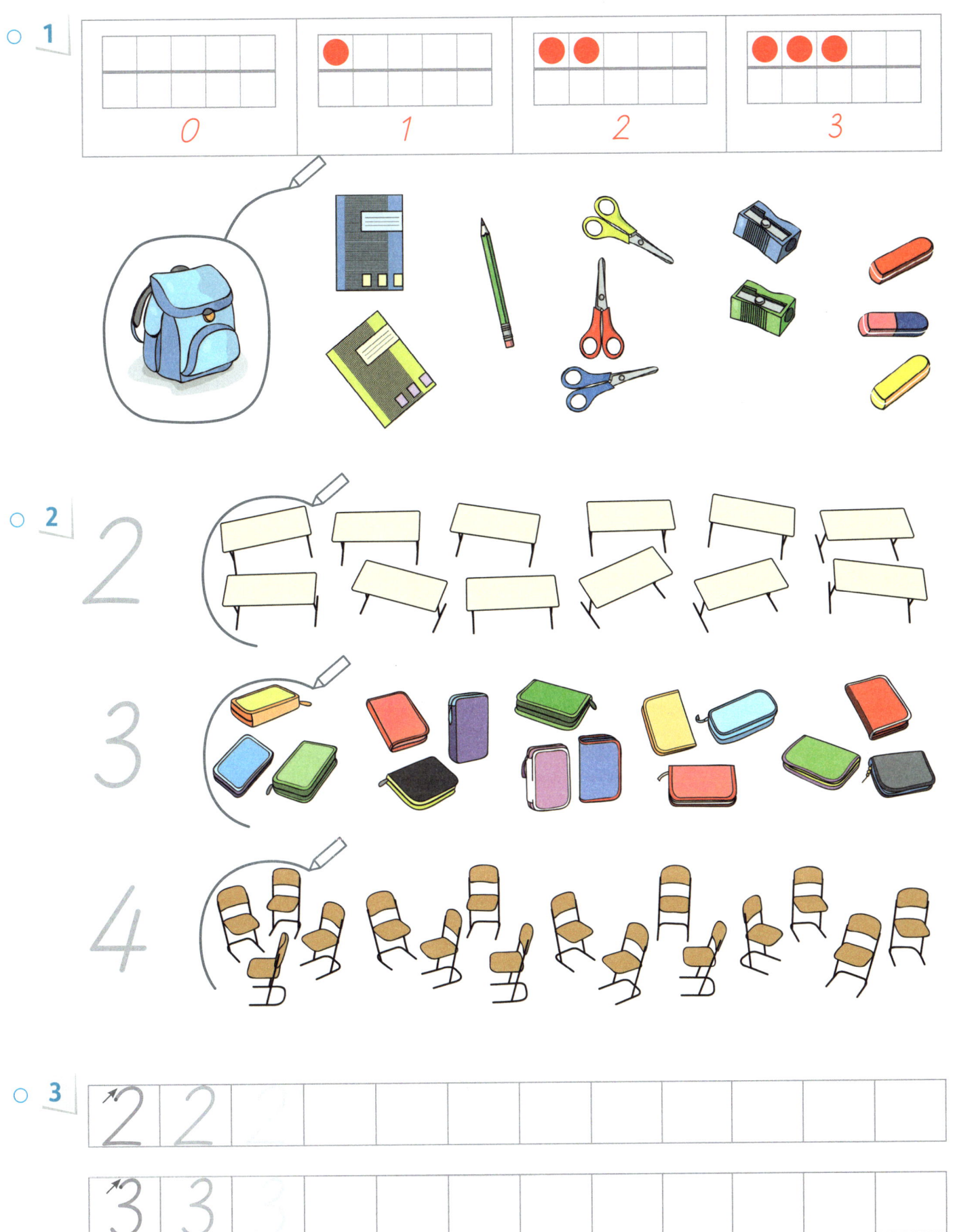

○ **1**

0   1   2   3

○ **2**

2

3

4

○ **3**

2   2

3   3

1 Mengen und Zahlen verbinden.   **2** Gegenstände entsprechend der vorgegebenen Anzahlen bündeln.
Weitere Übungen auf KV.   **3** Fortsetzung Ziffernschreibkurs.

→ Schulbuch, Seiten 8/9

5

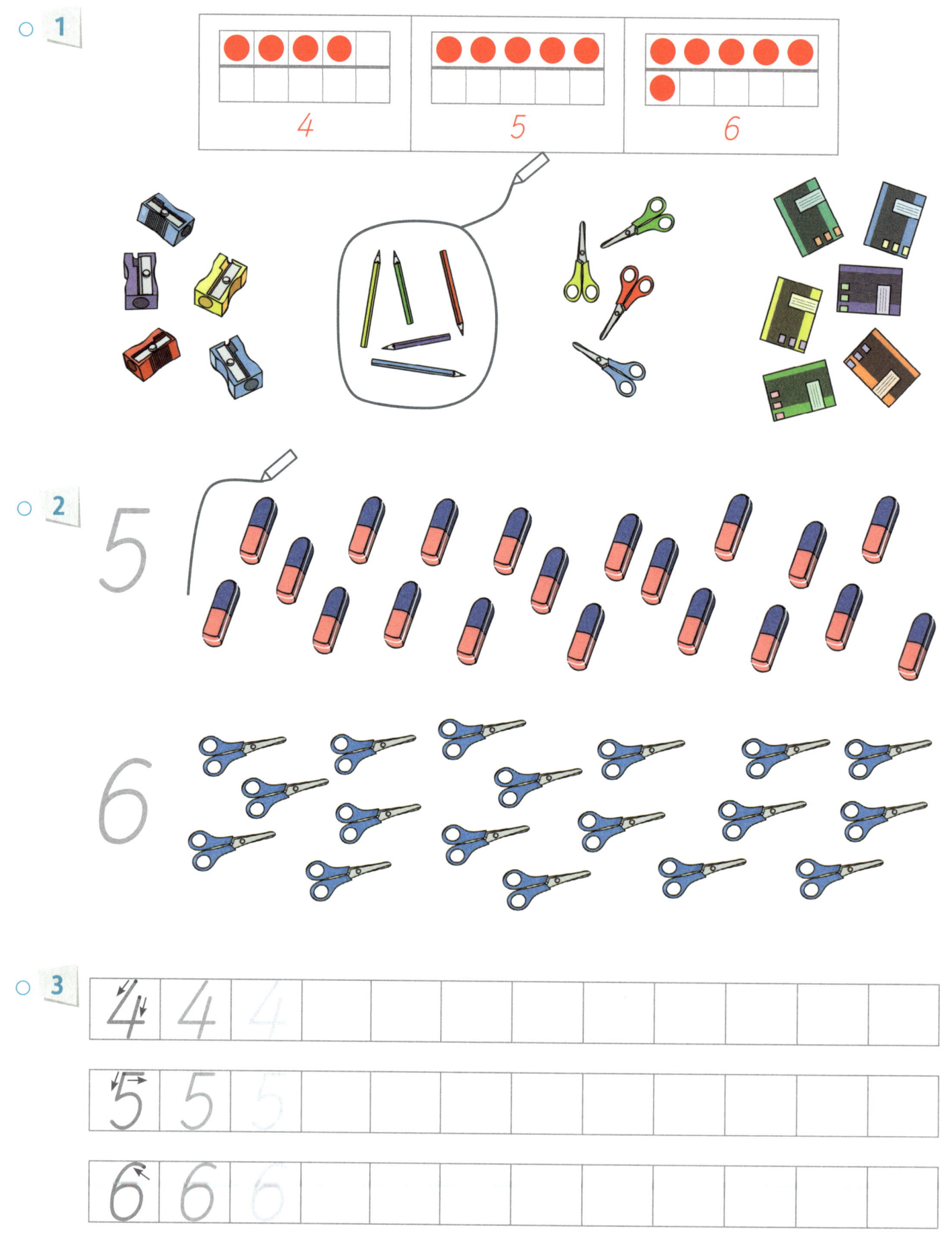

1

4   5   6

2

5

6

3

4   4   4

5   5   5

6   6   6

1 Mengen und Zahlen verbinden.   **2** Gegenstände entsprechend der vorgegebenen Anzahlen bündeln.
Weitere Übungen auf KV.   **3** Fortsetzung Ziffernschreibkurs.

→ Schulbuch, Seiten 8/9

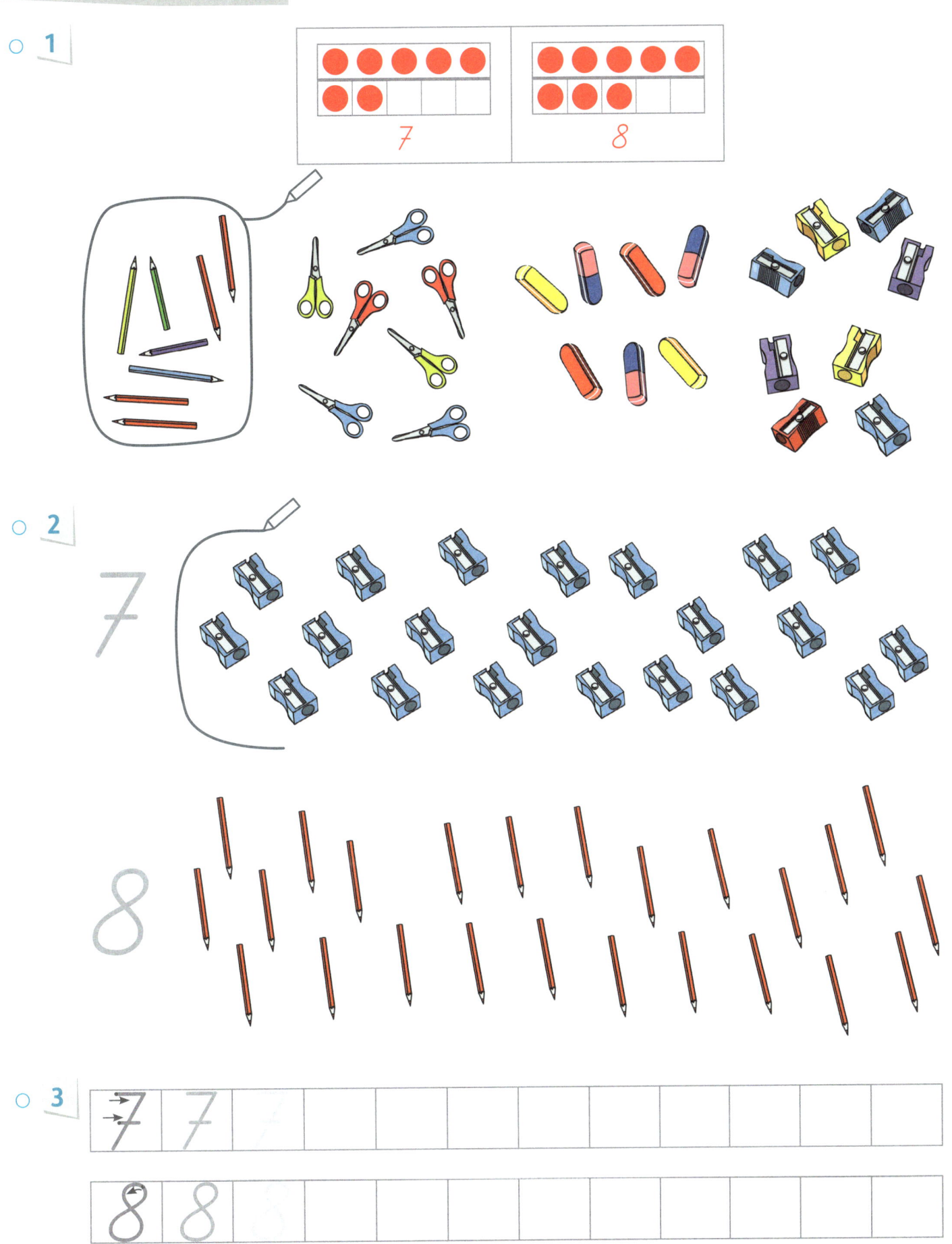

1

7   8

2

7

8

3

→ 7   7

8   8

1 Mengen und Zahlen verbinden. 2 Gegenstände entsprechend der vorgegebenen Anzahlen bündeln.
Weitere Übungen auf KV. 3 Fortsetzung Ziffernschreibkurs.

→ Schulbuch, Seiten 8/9

1

9	10

2

9

10

3

9 9 9

10 10

1 Mengen und Zahlen verbinden. **2** Gegenstände entsprechend der vorgegebenen Anzahlen bündeln.
Weitere Übungen auf KV. **3** Fortsetzung Ziffernschreibkurs.

→ Schulbuch, Seiten 8/9

Zahlen am Körper

1 Wie viele?

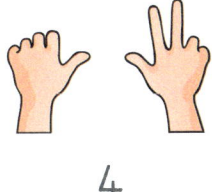
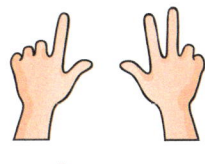
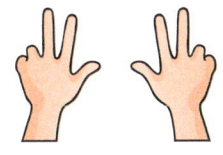

4 _____ _____

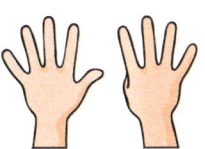
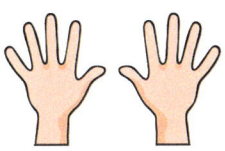

_____ _____ _____

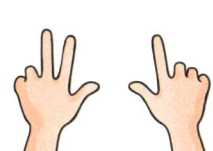
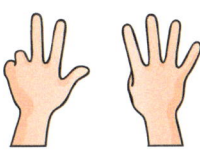
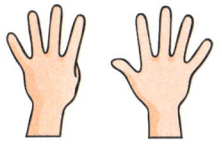

_____ _____ _____

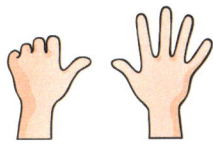
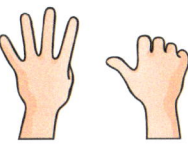
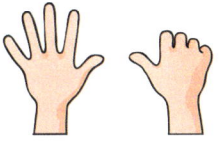

_____ _____ _____

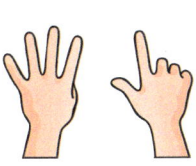
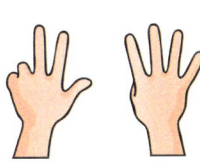
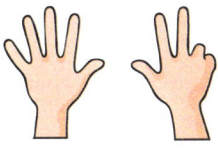

_____ _____ _____

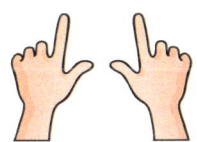
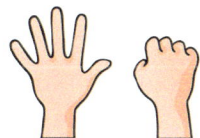
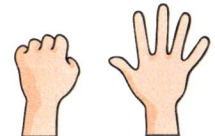

_____ _____ _____

1 In Fingerdarstellungen Teilmengen erkennen (ggf. einkreisen, Teilmengen notieren) und Anzahlen bestimmen.
Weitere Übungen auf KV.

→ Schulbuch, Seiten 10/11

1

Ente: ||| 3

Hund: _____

Pferd: _____

Huhn: _____

Kuh: _____

Baum: _____

Katze: _____

Schwein: _____

2

|||	₩₩ |||	||	₩₩ ||			₩₩		||	₩₩ ||	₩₩	₩₩ ₩₩
4									

1 Mengen strukturieren (Kraft der 5 nutzen) und Anzahlen bestimmen. **2** Zu Strichlisten Zahlen schreiben.

→ Schulbuch, Seiten 12/13

Muster legen

1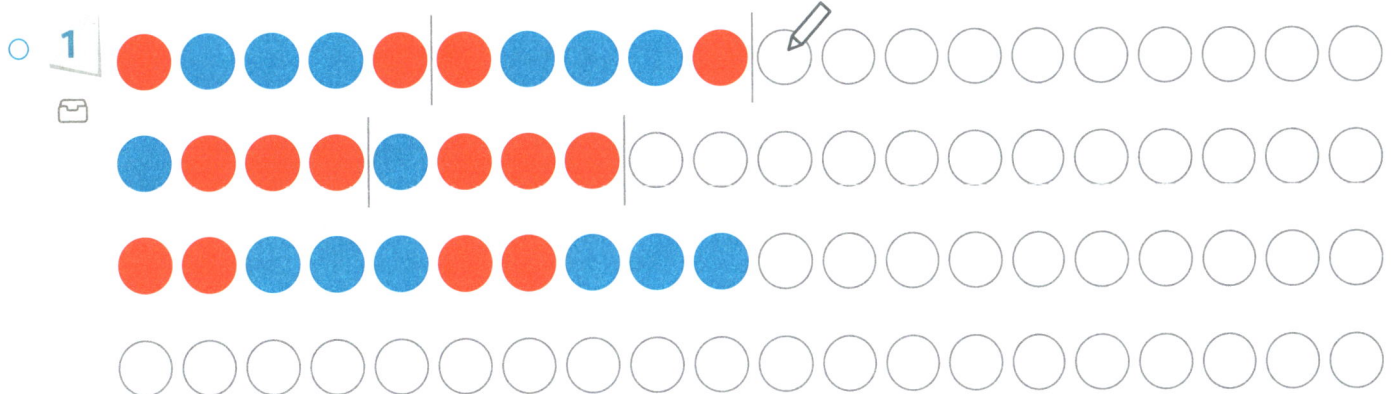

2 Lege und zeichne.

Immer 2.

Immer 3.

   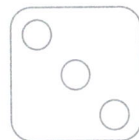 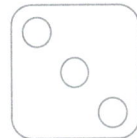 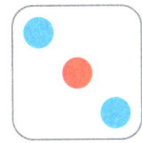 

Immer 6.

  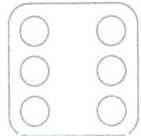    

3 Immer ●● und ●●.

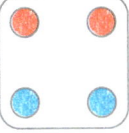 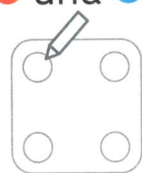 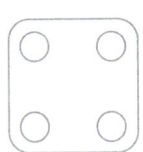 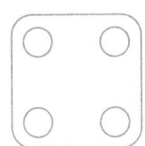 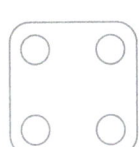 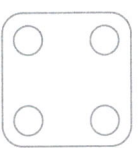

4 Immer ●●● und ●●.

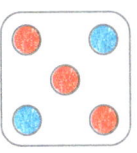 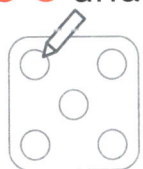 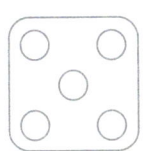   

1 Muster fortsetzen, dabei auf das Grundmuster achten. **2** Würfelbilder zerlegen. **3** Würfelvier in genau zwei rote und zwei blaue Plättchen zerlegen. Möglichst systematisch vorgehen, um alle 6 Möglichkeiten zu finden. **4** Würfelfünf in drei rote und zwei blaue Plättchen zerlegen. Es gibt 10 Möglichkeiten (KV).

→ Schulbuch, Seiten 14/15

 11

Mengen vergleichen

1 Wovon sind es mehr? Kreise ein.

1 Mengenvergleich durch 1:1-Zuordnung. Einkreisen der größeren Menge (evtl. Anzahlen bestimmen).
→ Schulbuch, Seiten 16/17

Zahlen schnell sehen

1 | Wie viele?

 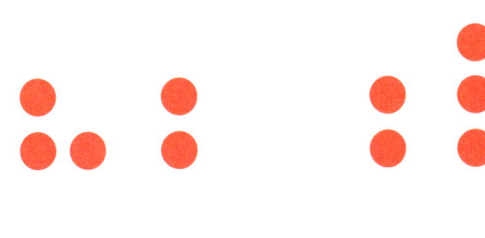

 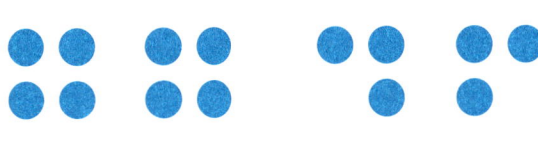

 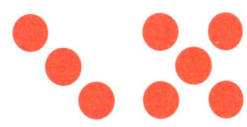 

2 | Immer 5.

3 | Immer 6.

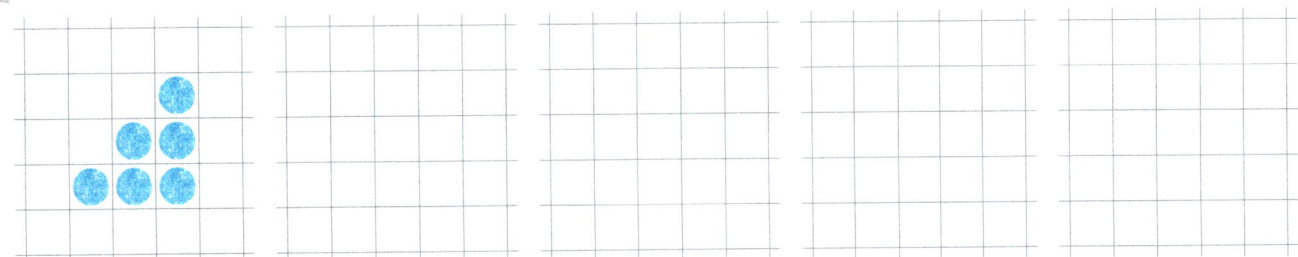

1 Vorteilhaftes Zählen durch Zerlegen in Teilmengen. Teilmengen einkreisen und Anzahl notieren.   **2, 3** Schöne Muster mit 5(6) Plättchen legen und zeichnen.

→ Schulbuch, Seiten 18/19

13

Zehnerfelder

○ **1** Wie viele?

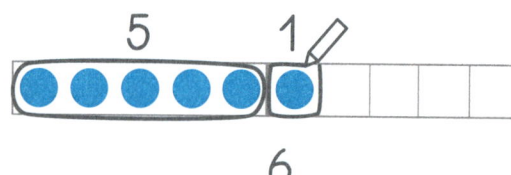

6

___

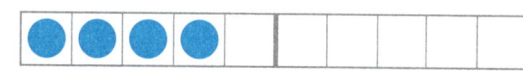

___

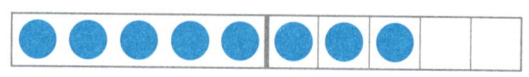

___

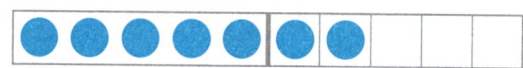

___

○ **2** Wie viele?

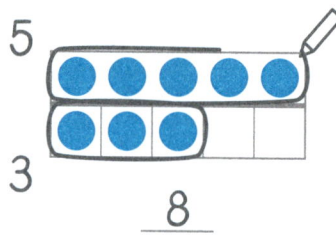

8

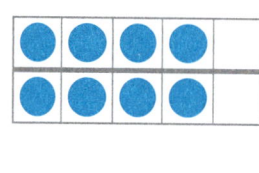

___

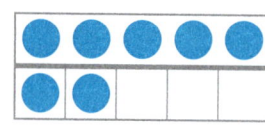

___

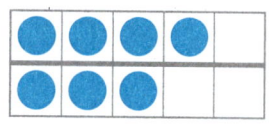

___

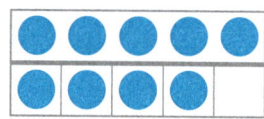

___

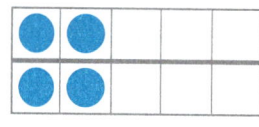

___

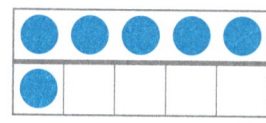

___

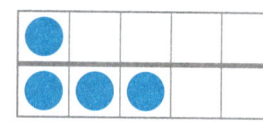

___

✳ **3**

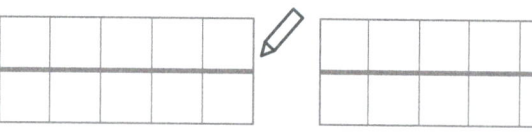

5

5

6

6

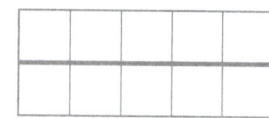

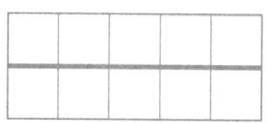

7

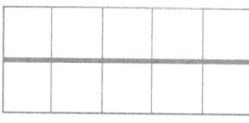

7

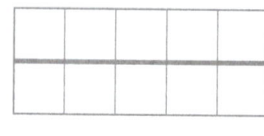

8

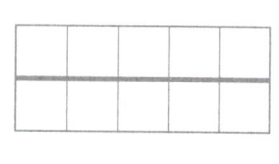

8

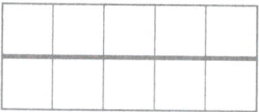

14

1, 2 Mengen im Zehnerfeld schnell erfassen, Teilmengen einkreisen und Anzahlen ergänzen.
3 Die Anzahlen auf zwei verschiedene Weisen im Zehnerfeld darstellen.
→ Schulbuch, Seiten 20/21

Kraft der 5

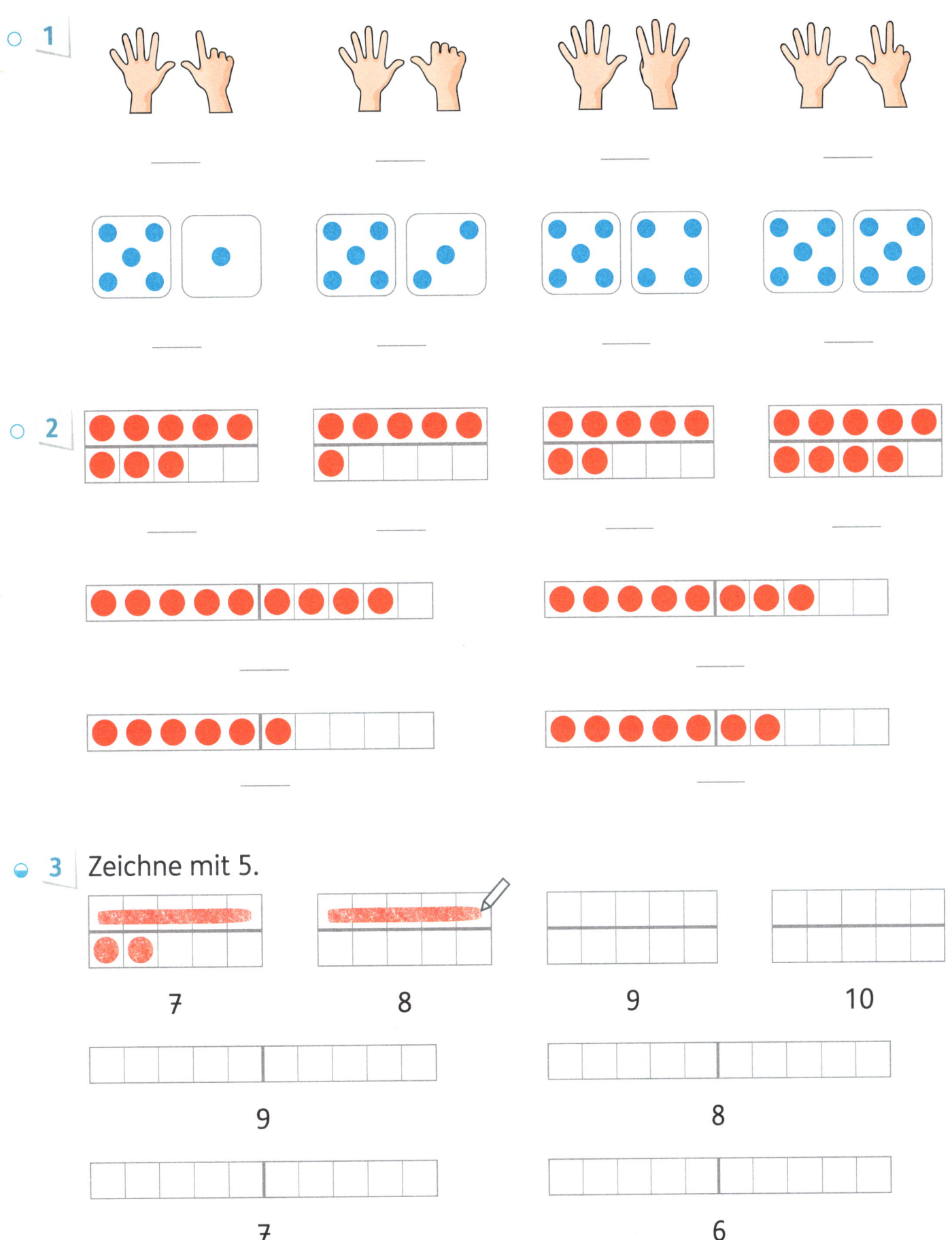

1

2

3 Zeichne mit 5.

7   8   9   10

9   8

7   6

1–3 Fünferbündelung nutzen und Anzahlen bestimmen.   3 Mengen ggf. legen, für den Fünferstreifen einen Strich zeichnen.
→ Schulbuch, Seiten 22/23

15

Immer 5 – immer 10

1 Immer 5 – immer 10. Vergleiche.

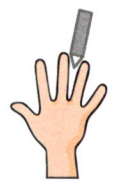 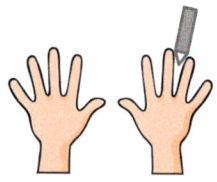    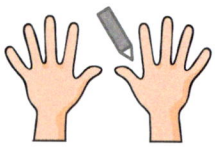

$3 + 2$ $8 +$ _____   _____ $+$ _____   _____ $+$ _____

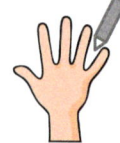 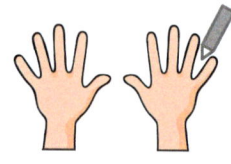   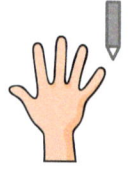 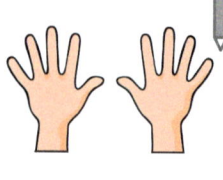

_____ $+$ _____   _____ $+$ _____   _____ $+$ _____   _____ $+$ _____

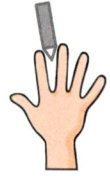 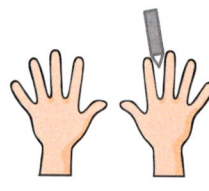    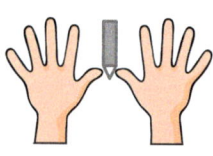

_____ $+$ _____   _____ $+$ _____   _____ $+$ _____   _____ $+$ _____

2 Immer 5 – immer 10. Vergleiche.

   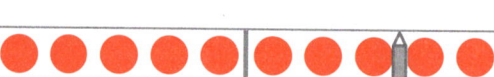

$3 + 2$ $8 +$ _____

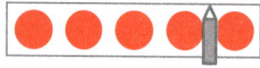   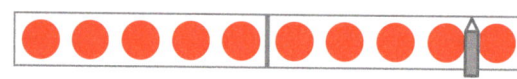

_____ $+$ _____   _____ $+$ _____

   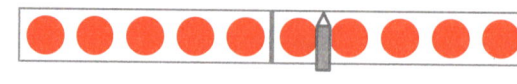

_____ $+$ _____   _____ $+$ _____

   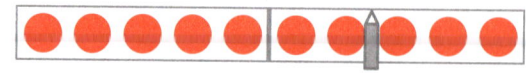

_____ $+$ _____   _____ $+$ _____

1, 2 Gesamtzahlen 5 und 10 erkennen, Zerlegungen als Plusaufgaben notieren.
→ Schulbuch, Seiten 24/25

Zahlen zerlegen

1 | Immer 5.

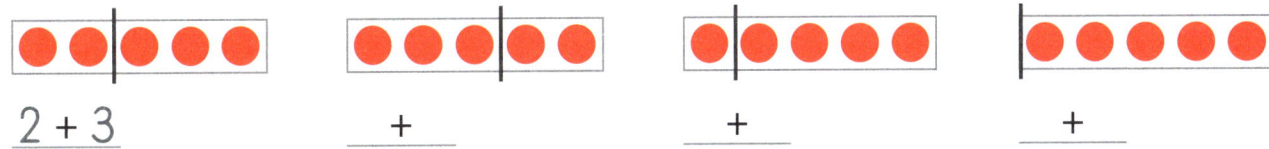

2 + 3   +   +   +

2 | Immer 6.

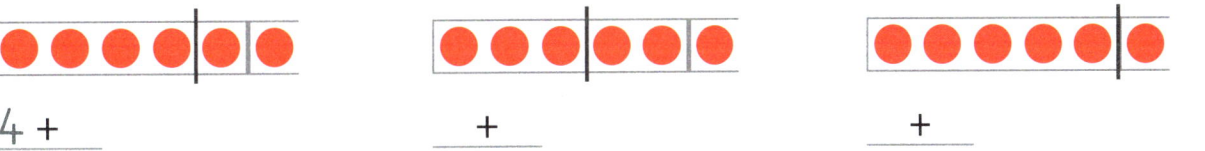

4 +   +   +

3 | Immer 7.

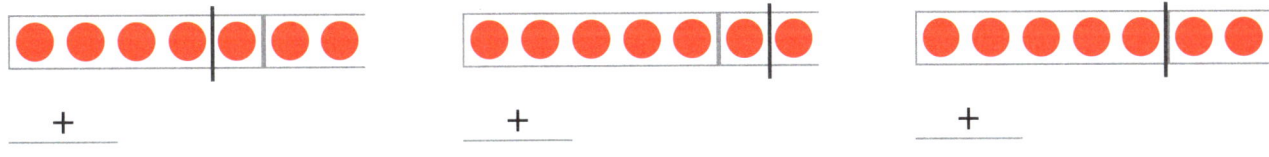

+   +   +

4 | Immer 8.

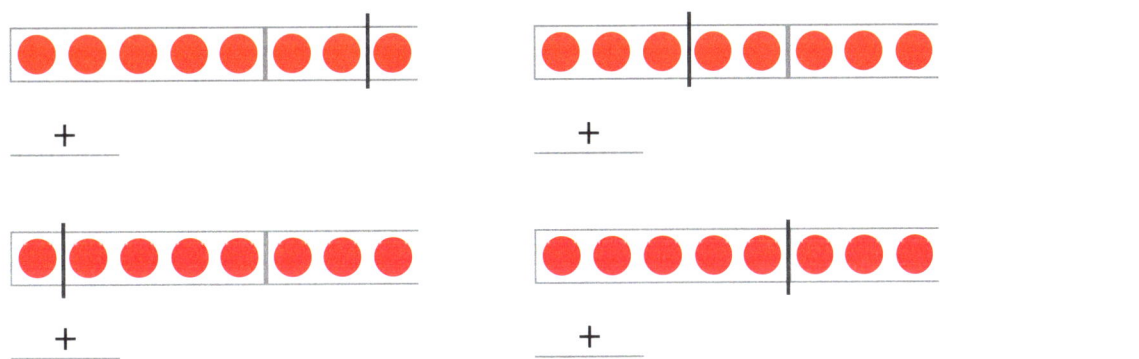

+   +

+   +

5 | Immer 9.

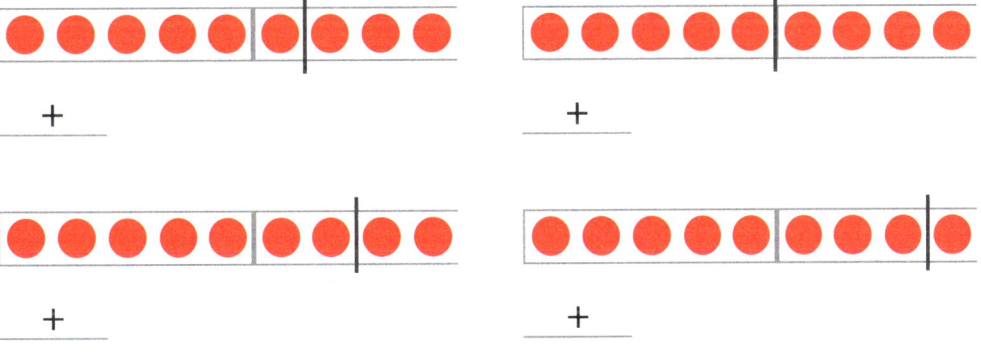

+   +

+   +

Zahlen zerlegen

○ **1** Immer 10.

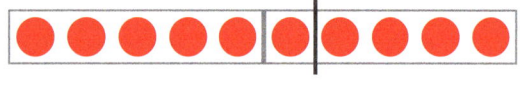

+_____   +_____

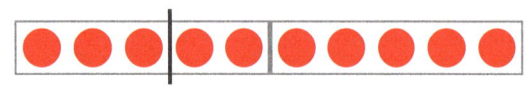

+_____   +_____

◐ **2**

6		6		7		7
0 +		+ 6		0 +		+ 7
6 +		+ 5		7 +		+ 6
5 +		+ 4		6 +		+ 5
1 +		+ 3		1 +		+ 4
4 +		+ 2		5 +		+ 3
2 +		+ 1		2 +		+ 2

8		8		10		10
0 +		+ 8		2 +		+ 10
1 +		+ 7		8 +		+ 9
2 +		+ 6		7 +		
6 +		+ 5		3 +		
4 +		+ 4		5 +		
3 +		+ 3		9 +		
5 +		+ 2		1 +		
7 +		+ 1				
8 +		+ 0				

1 Zahlen in zwei Teilmengen zerlegen, Anzahlen geschickt (mit Bezug zur 5) bestimmen.   **2** Zahlzerlegungen üben, Zerlegungen ggf. am Material veranschaulichen.

→ Schulbuch, Seiten 26/27

Unterschiede

1 Wie groß ist der Unterschied? Markiere.

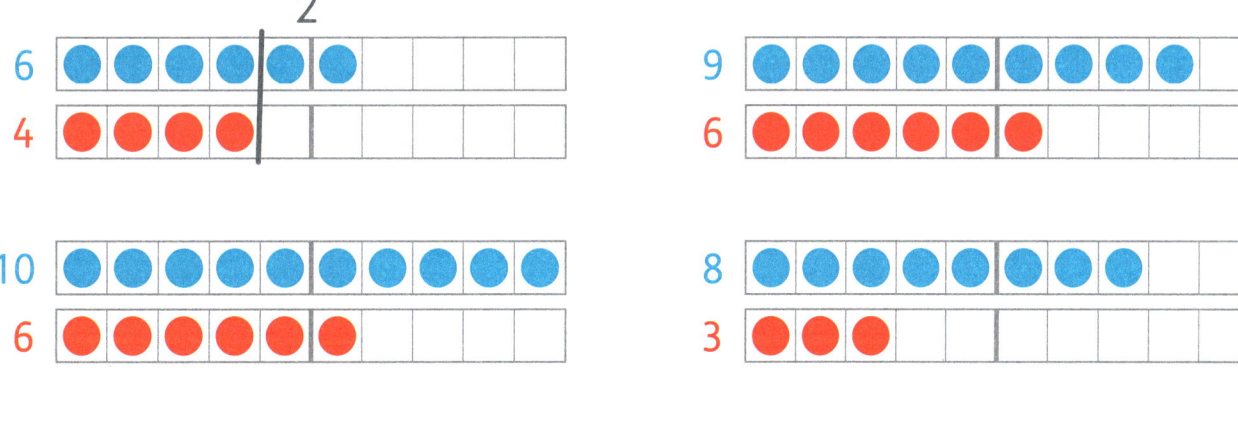

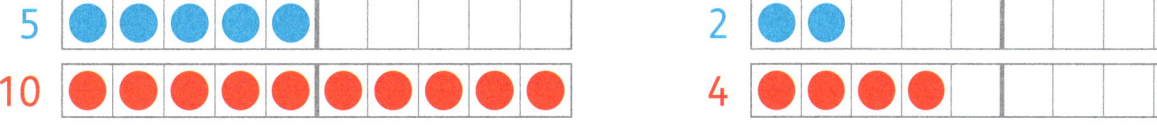

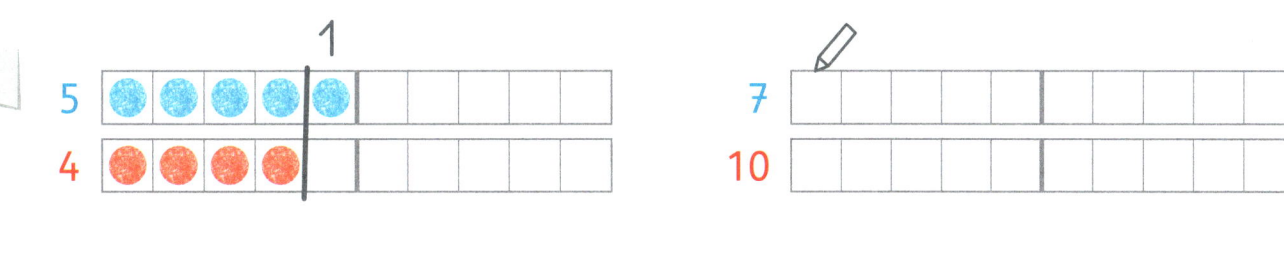

2

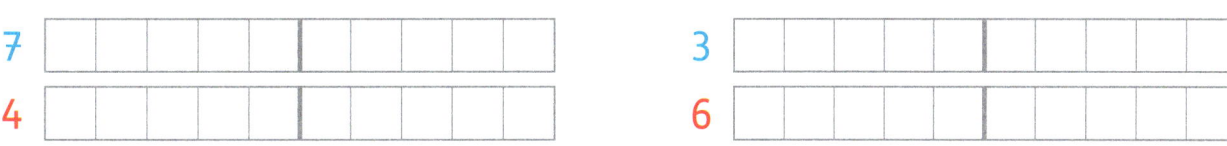

3 Immer Unterschied 2.

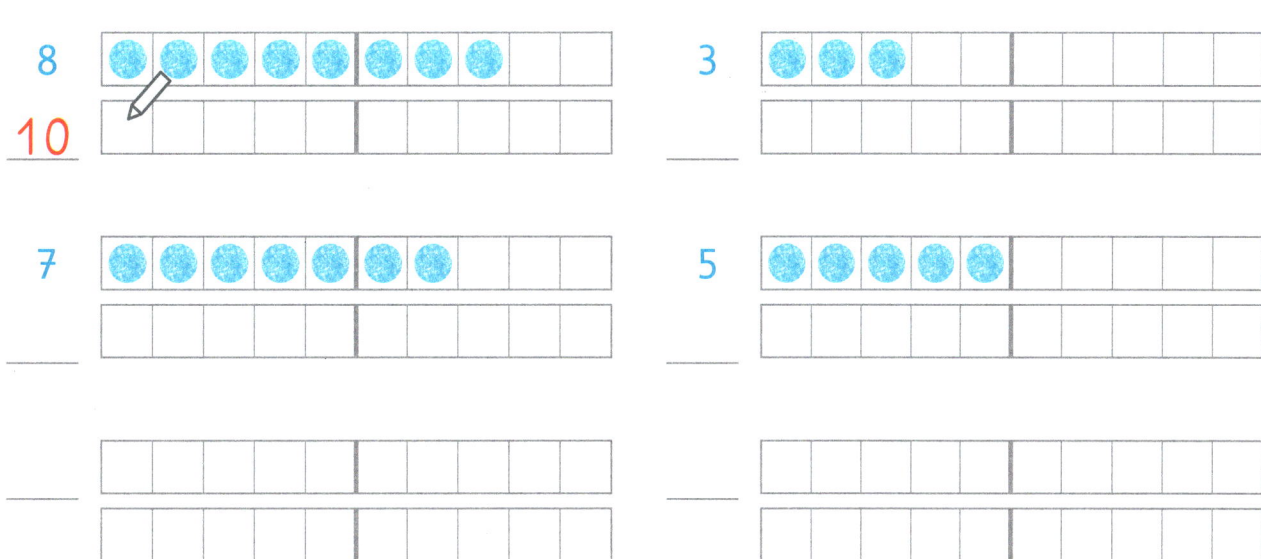

1 Anzahlen vergleichen, Unterschied einkreisen.   2 Plättchenmengen einzeichnen, Unterschied einkreisen.
3 Zahlenpaare zum Unterschied 2 finden und einzeichnen.

→ Schulbuch, Seiten 28/29

Würfeltürme

○ **1** Immer 5 Würfel.

5	5	5	5

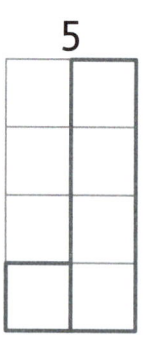 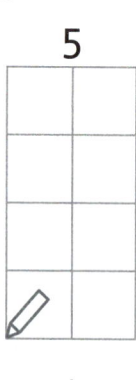 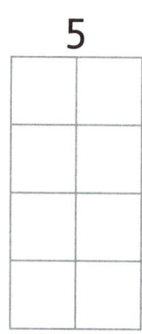 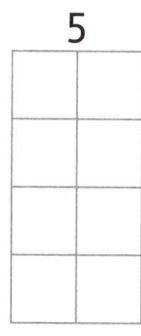

$1 + 4$ +   +   +

◒ **2** Immer 1 weniger.

10	9	8	7	6

 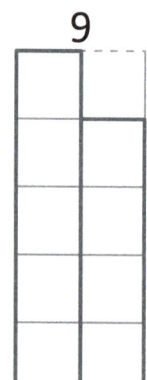  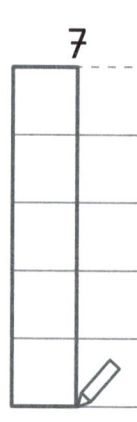 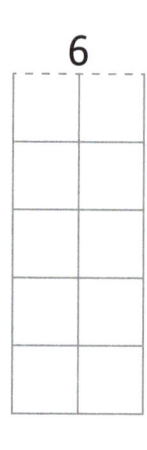

$5 + 5$ $5 +$ +   +   +

◒ **3** Immer 1 mehr.

5	6	___	___	___

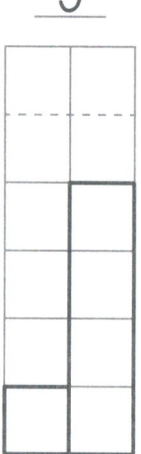 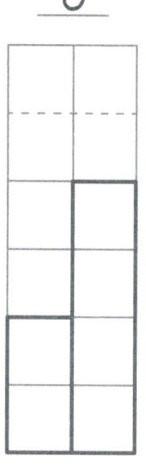  

$1 + 4$ $2 +$ +   +   +

1 Würfeltürme mit 5 Würfeln finden. Dabei möglichst systematisch vorgehen. Passende Aufgaben notieren.
2, 3 Muster fortsetzen. Aufgaben notieren.

→ Schulbuch, Seite 30

1 Immer 3 .

Vermutet.

Was kommt häufig vor?　　　　Was kommt selten vor?

○ ○ ○　　　　　　　　　○ ○ ○

Überprüft.

🔴🔴🔴

🔴🔴🔵　　　Was kommt häufig vor?

🔴🔵🔵　　　○ ○ ○

🔵🔵🔵　　　Was kommt selten vor?

　　　　　　　○ ○ ○

2 Immer 6 .

Vermutet.

Was kommt häufig vor?　○ ○ ○ ○ ○ │ ○

Was kommt selten vor?　○ ○ ○ ○ ○ │ ○

Überprüft.

🔴🔴🔴🔴🔴🔴

🔴🔴🔴🔴🔴🔵　　Was kommt häufig vor?

🔴🔴🔴🔵🔵🔵

🔴🔴🔵🔵🔵🔵　　○ ○ ○ ○ ○ │ ○

🔴🔵🔵🔵🔵🔵

🔴🔵🔵🔵🔵🔵　　Was kommt selten vor?

🔵🔵🔵🔵🔵🔵　　○ ○ ○ ○ ○ │ ○

1, 2 Plättchen werfen. Anzahln der roten und blauen Plättchen nach einem Wurf mit 3 (6) Plättchen bestimmen, Strichlisten führen, Häufigkeiten überprüfen. Vermutungen festhalten und überprüfen.

→ Schulbuch, Seite 31

21

Rückblick

1 Wie viele?

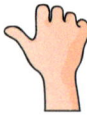 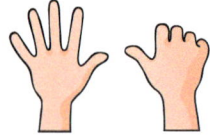 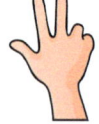 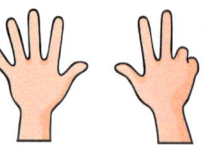

_____   _____   _____   _____

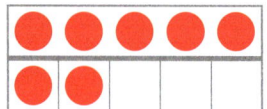      

_____   _____   _____

2 Zahlen mit 5.

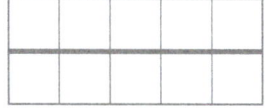   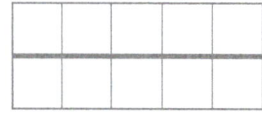   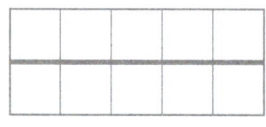   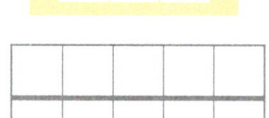

6   7   8   9

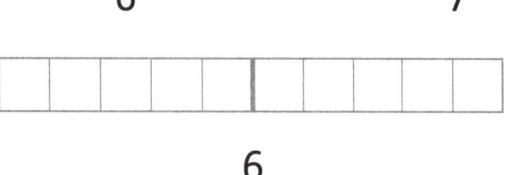   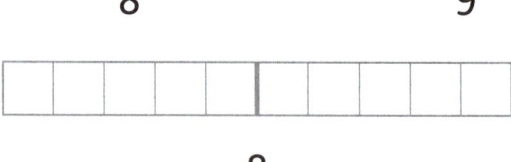

6   8

3 Setze fort.

4 Immer 5. Immer 10.

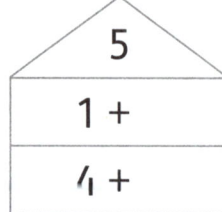 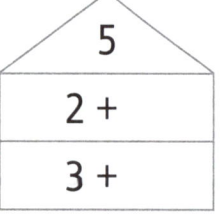 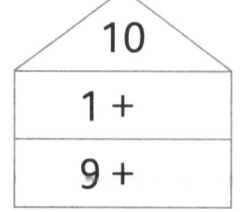 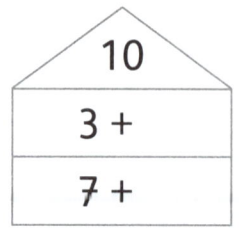 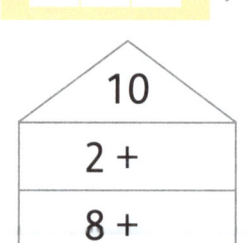

Wesentliche Inhalte des Kapitels noch einmal reflektieren, die eigenen Kompetenzen einschätzen.
→ Schulbuch, Seiten 32/33

Formen in der Umwelt

1 Welche Form siehst du? Verbinde.

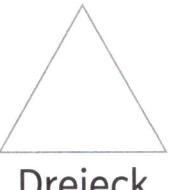 Dreieck    Quadrat    Rechteck    Kreis

2 Welche Form entsteht? Schreibe oder zeichne △ □ ▭ ○.

Rechteck

1 Formen den Fachbegriffen zuordnen.   **2** Formen zeichnerisch festhalten oder das passende Fachwort aufschreiben.

→ Schulbuch, Seiten 34/35

23

Mit Formen legen

○ **1**

2 Nimm vier ◸ , zwei ▮ und zwei ▭ .

1, 2 Vorgegebene Figuren mit Legematerial auslegen (Beilage). Dabei verschiedene Möglichkeiten des Auslegens finden. Lösungen in verkleinerte Formen einzeichnen.

→ Schulbuch, Seiten 36/37

Zahlen bis 20

→ Schulbuch, Seiten 38/39

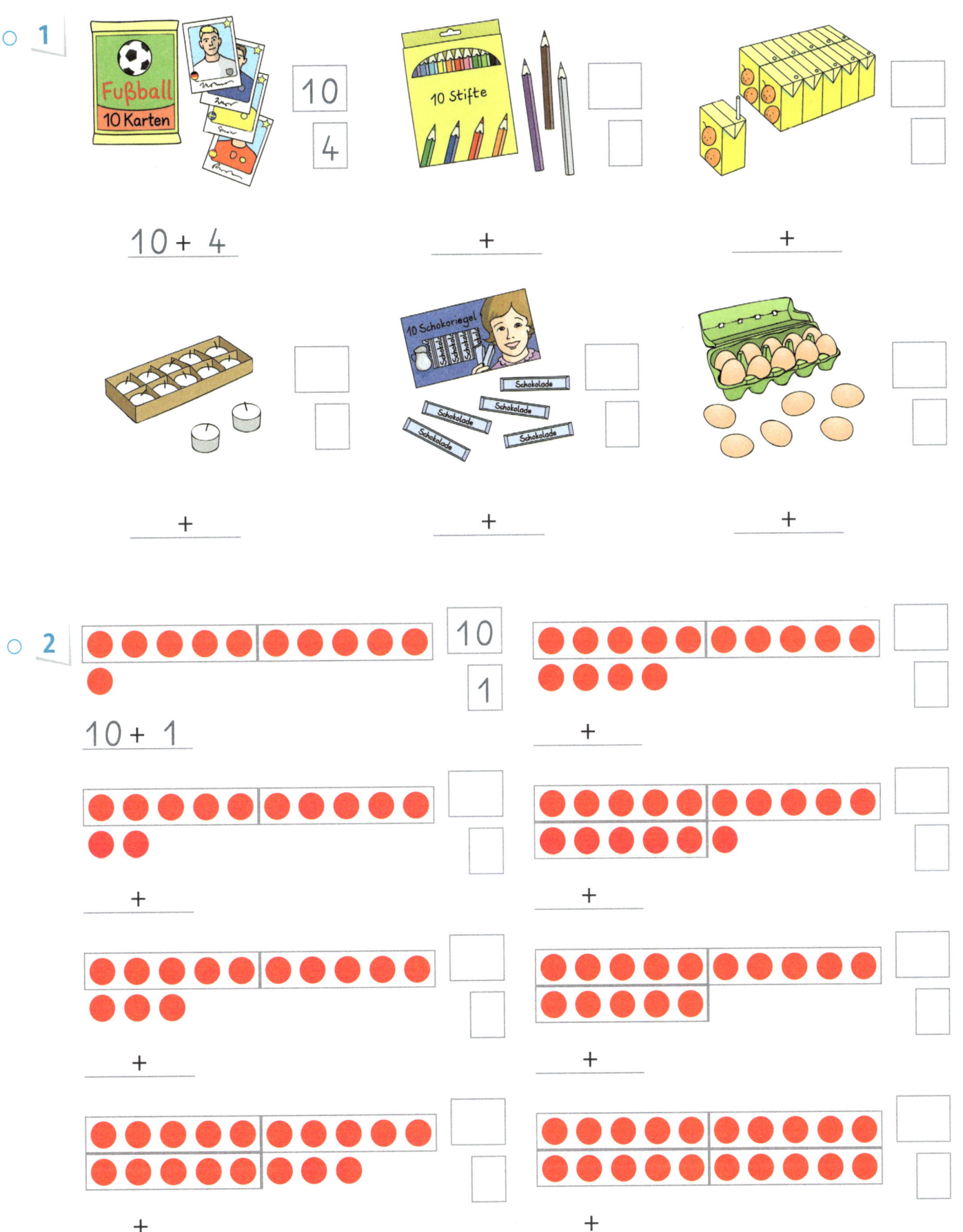

1

10
4

10 + 4

___ + ___

___ + ___

___ + ___

___ + ___

___ + ___

2

10
1

10 + 1

___ + ___

___ + ___

___ + ___

___ + ___

___ + ___

___ + ___

1, 2 Mithilfe der Zehnerstruktur Anzahl bestimmen und als Term aufschreiben.

25

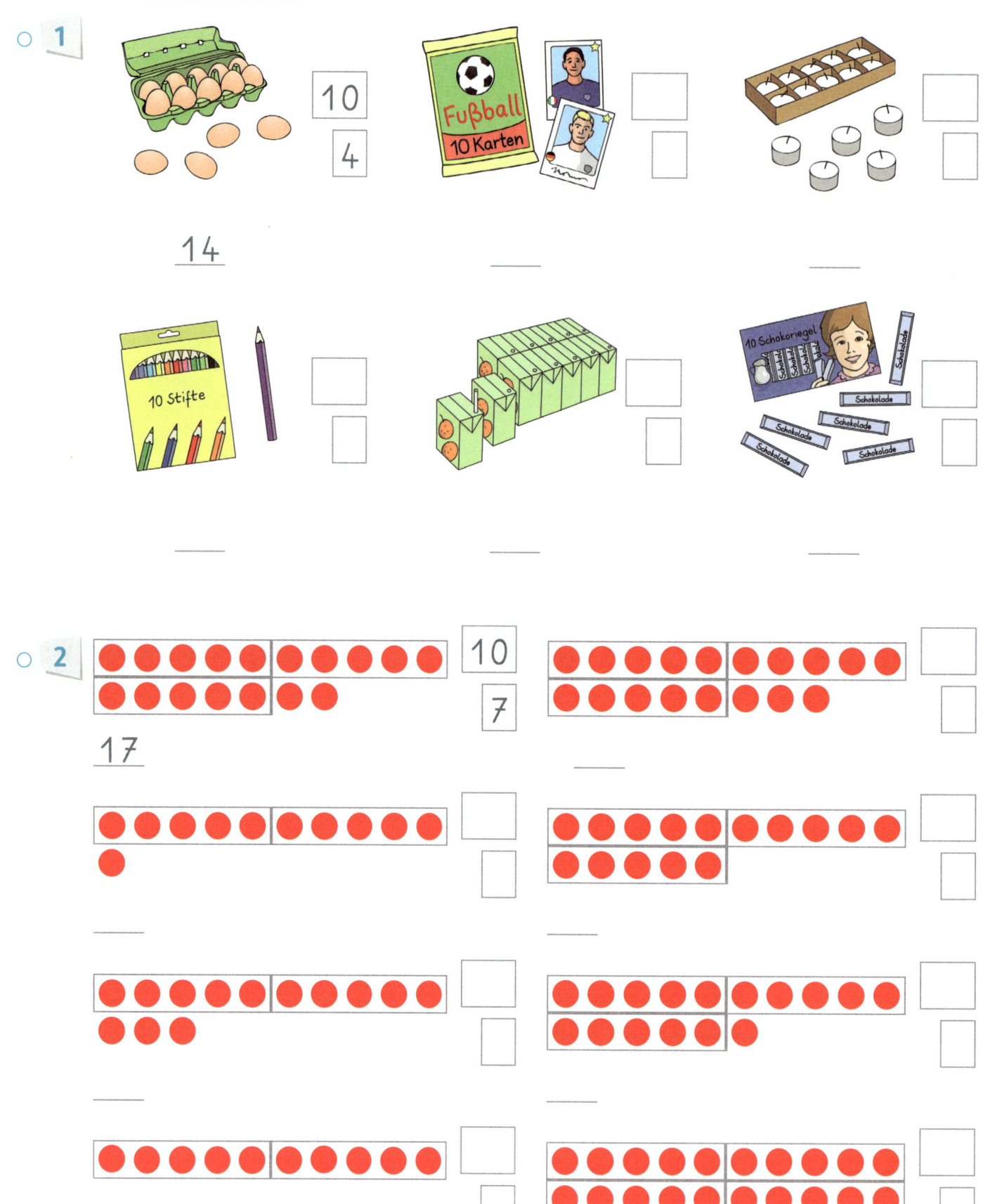

1

10
4

14

2

10
7

17

1, 2 Mithilfe der Zehnerstruktur Anzahl bestimmen und als Zahl aufschreiben.

→ Schulbuch, Seiten 38/39

Das Zwanzigerfeld

1 Wie viele sind es?

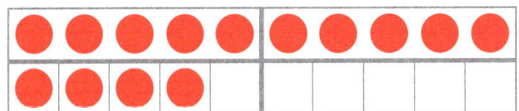

_____

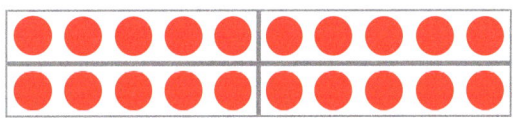

_____

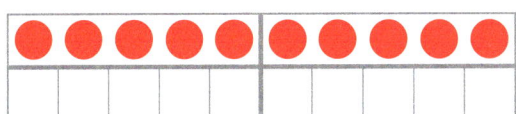

_____

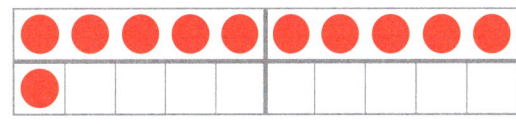

_____

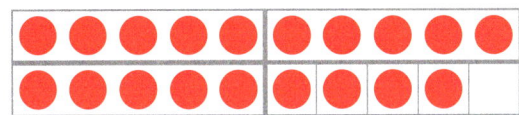

_____

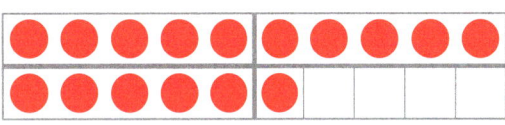

_____

2 Wie viele? Zeichne.

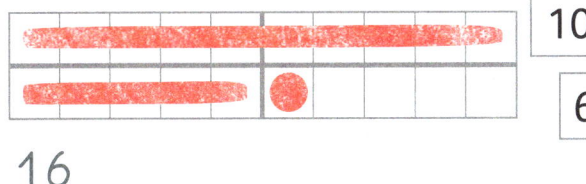 | 10 | 6 |

16

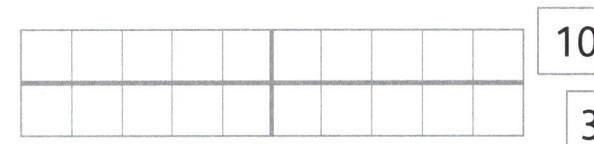 | 10 | 3 |

_____

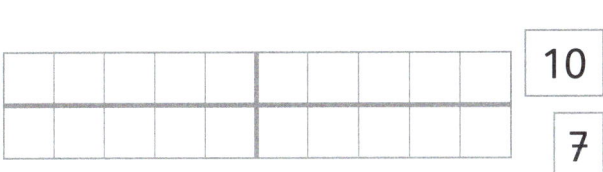 | 10 | 7 |

_____

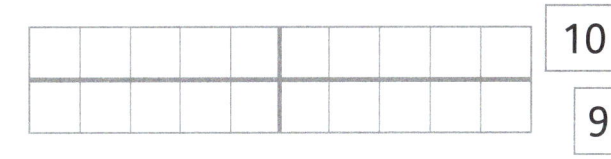 | 10 | 9 |

_____

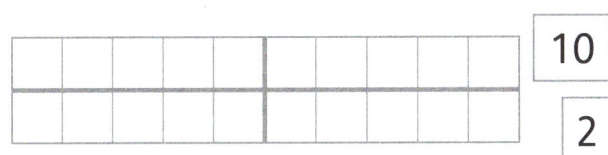 | 10 | 2 |

_____

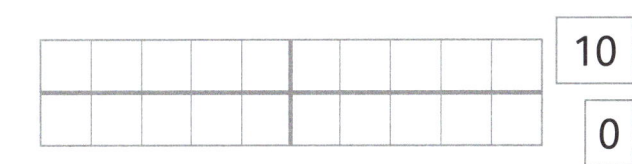 | 10 | 0 |

_____

3 Zahlenhäuser mit 10.

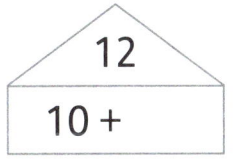 12 · 10 +

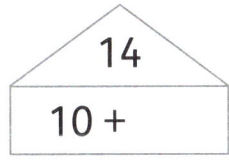 14 · 10 +

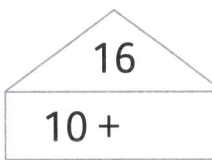 16 · 10 +

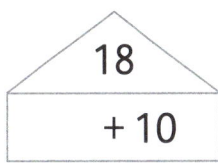 18 · + 10

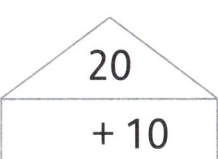 20 · + 10

1, 2 Zahlen im Zwanzigerfeld bestimmen. Fünfer und Zehner erkennen und nutzen.   **3** Zahlen im Zerlegungshaus ergänzen.

→ Schulbuch, Seiten 40/41

27

1 Immer 10.

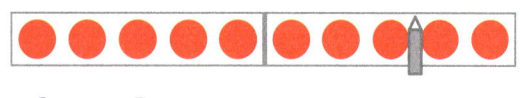

$8 + 2$

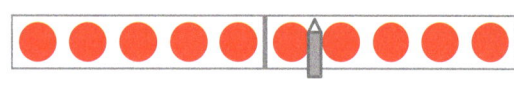

____ +

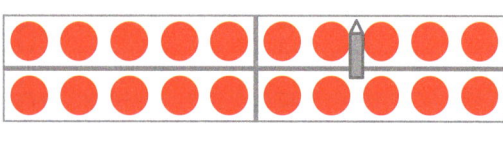

____ +

Immer 20.

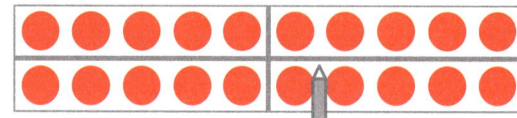

____ +

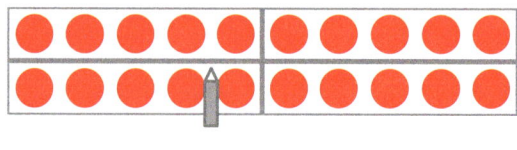

____ +

_____

____ +

2 Immer 20. Vergleiche.

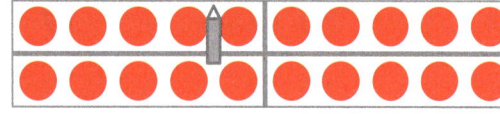

____ +

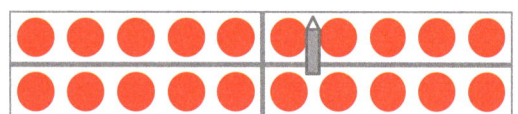

____ +

_____

____ +

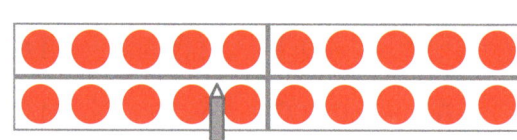

____ +

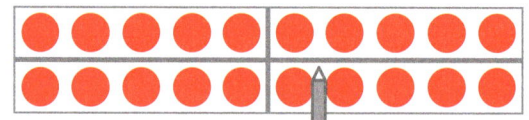

____ +

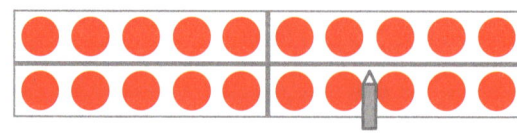

____ +

3 Immer 10.

$4 +$ ____ $3 +$ ____ $5 +$ ____

$8 +$ ____ $0 +$ ____ $6 +$ ____

Immer 20.

$14 +$ ____ $13 +$ ____ $15 +$ ____

$18 +$ ____ $10 +$ ____ $16 +$ ____

1, 2 Zu den Zerlegungen die passenden Aufgaben aufschreiben. Zehneranalogien beachten. Strukturen im Zwanzigerfeld nutzen, um Anzahlen schnell zu bestimmen. **3** Zu 10 (20) ergänzen.

→ Schulbuch, Seiten 42/43

Zahlen vergleichen

1 Vergleiche. < oder > oder =?

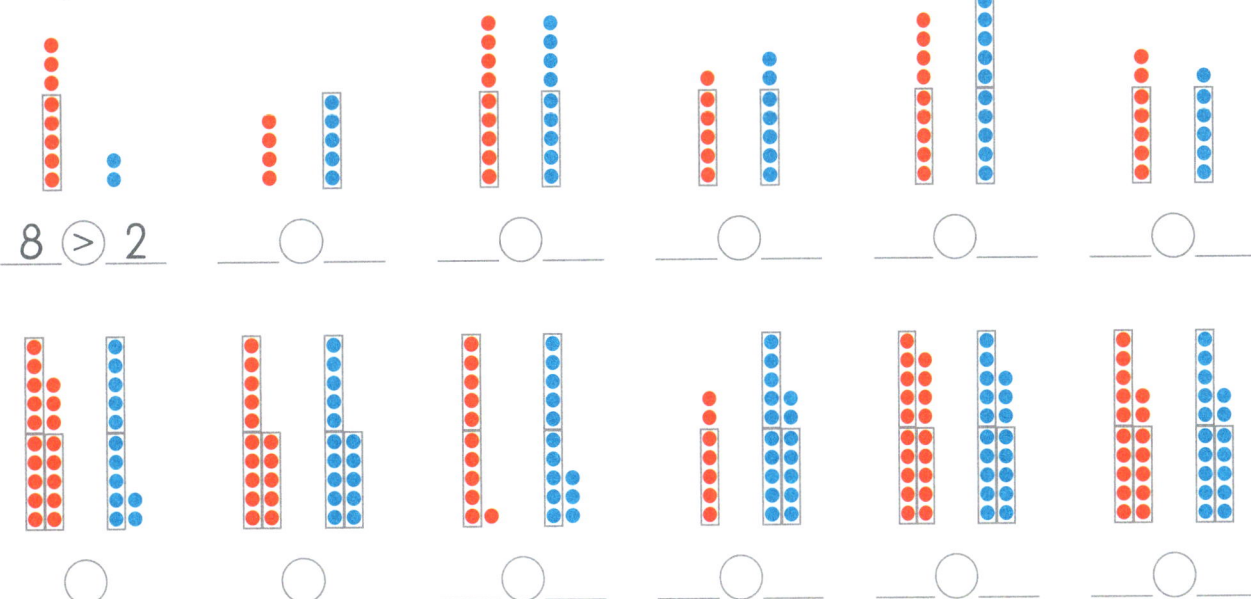

8 > 2   ___ ◯ ___   ___ ◯ ___   ___ ◯ ___   ___ ◯ ___   ___ ◯ ___

___ ◯ ___   ___ ◯ ___   ___ ◯ ___   ___ ◯ ___   ___ ◯ ___   ___ ◯ ___

2 Vergleiche. < oder > oder =?

6 ◯ 5	9 ◯ 10	16 ◯ 15	21 ◯ 20	18 ◯ 8
4 ◯ 5	11 ◯ 10	14 ◯ 20	11 ◯ 20	7 ◯ 17
7 ◯ 5	10 ◯ 10	19 ◯ 20	20 ◯ 20	20 ◯ 2
5 ◯ 5	20 ◯ 10	18 ◯ 18	14 ◯ 4	10 ◯ 0
5 ◯ 0	10 ◯ 19	11 ◯ 1	6 ◯ 16	12 ◯ 21

3 Finde passende Zahlen.

___ > 5	10 < ___	___ < 15	___ > 15	___ < 20
___ > 5	10 < ___	___ < 15	___ > 15	___ < 20
___ > 5	10 < ___	___ < 15	___ > 15	___ < 20

4 Vergleiche immer zwei Zahlen. | 3 | 5 | 8 | 10 | 18 |

3 < 5

8 > 5

1, 2 Passende Relationszeichen einsetzen.   3 Passende Zahlen finden.   4 Mögliche Vergleiche zu den Zahlenkarten sammeln.

→ Schulbuch, Seiten 44/45

29

Die Zwanzigerreihe

1

②   6   8   11   14   17   18

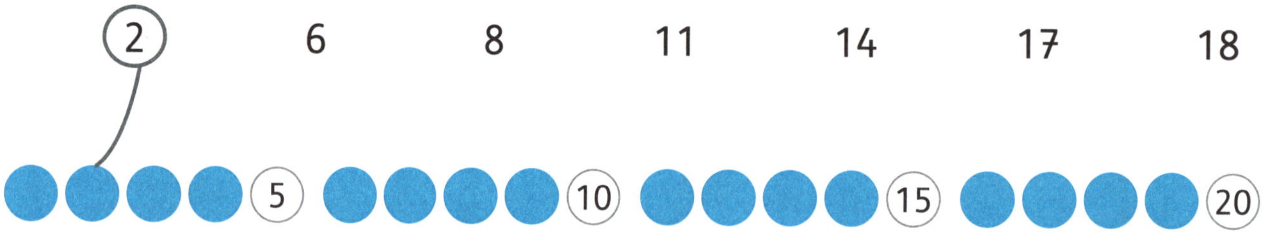

● ● ● ● ⑤ ● ● ● ● ⑩ ● ● ● ● ⑮ ● ● ● ● ⑳

1   4   7   9   13   16   19

2

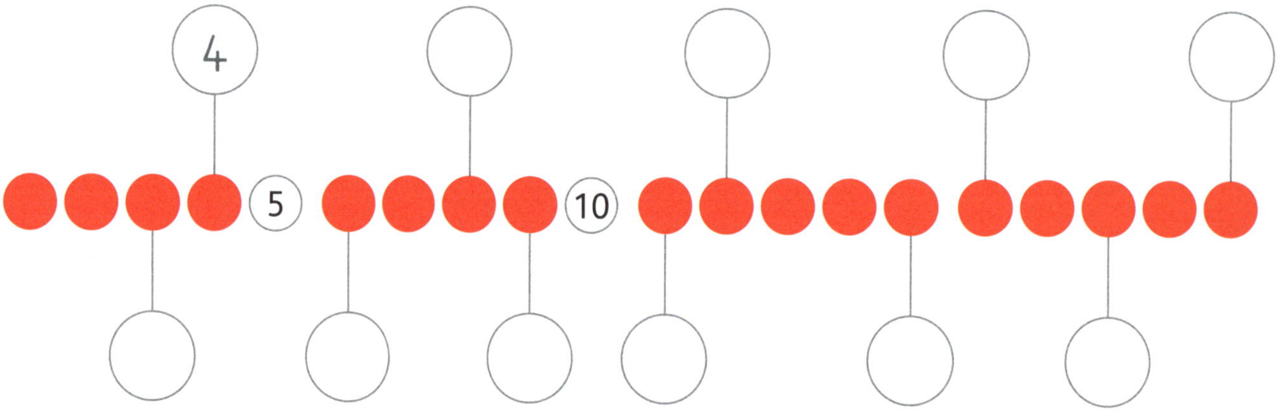

④   ○   ○   ○   ○

● ● ● ● ⑤ ● ● ● ● ⑩ ● ● ● ● ● ● ● ● ● ●

○   ○   ○   ○   ○   ○

3

○ ○ ⑧ ○ ○   ○ ○ ○ ○ ⑥

○ ○ ⑬ ○ ○   ○ ○ ○ ○ ⑪

○ ○ ⑱ ○ ○   ○ ○ ○ ○ ⑯

4 Immer 2 weiter.

| 1 | 3 | 5 | | | | | | |

| 2 | 4 | | | | | | | |

1 Zahlen den richtigen Plätzen in der Reihe zuordnen.   **2** Verdeckte Zahlen aufschreiben.   **3** Zahlen durch Vorwärts- und Rückwärtszählen passend auf den Ausschnitten zur Zahlenreihe notieren.   **4** Zahlenfolgen fortsetzen.

→ Schulbuch, Seiten 46/47

Immer der Reihe nach

1

| 10. | 6. | | | | | | | | |

2

3

1–3 Situationen nachvollziehen und mithilfe der Ordnungszahlen in die richtige Reihenfolge bringen.

→ Schulbuch, Seite 50

31

1 Rot gewinnt bei „12 gewinnt". Finde Möglichkeiten.

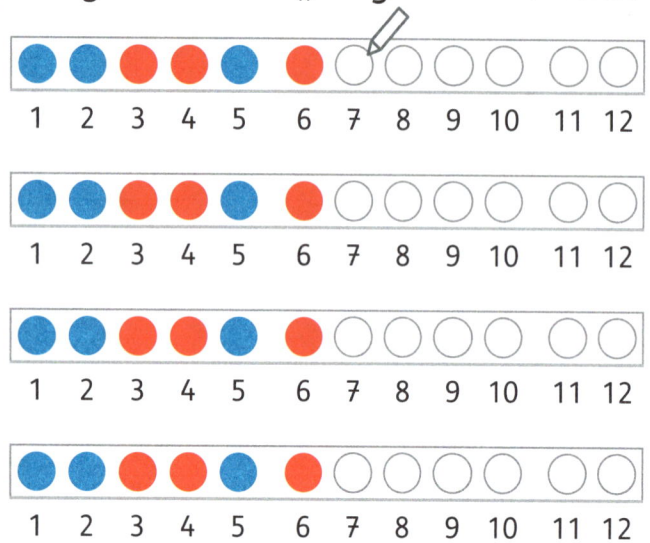

2 Blau gewinnt bei „12 gewinnt". Findet Möglichkeiten.

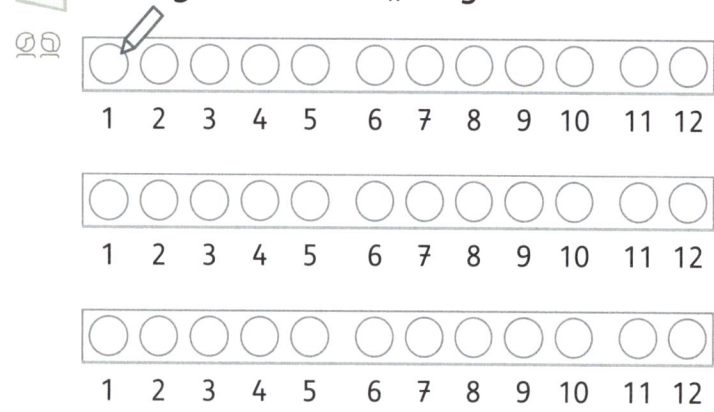

3 „15 gewinnt". Lege ◯ oder ◯◯ oder ◯◯◯ . Findet Möglichkeiten.

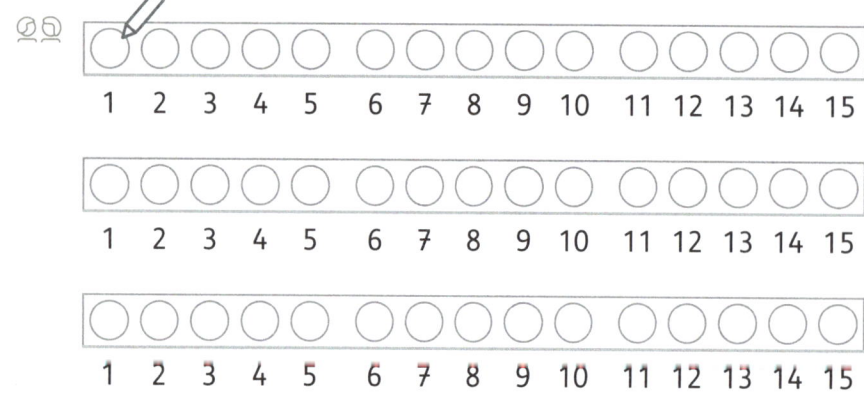

1–3 Rot gegen Blau (NIM-Spiel): Mögliche Spielzüge malen und vergleichen. Auf Gewinnfelder achten.
→ Schulbuch, Seite 51

Rückblick

1 Wie viele?

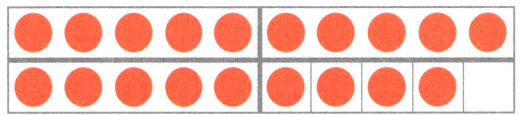

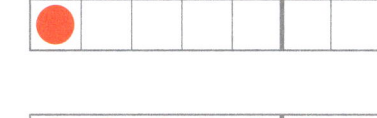

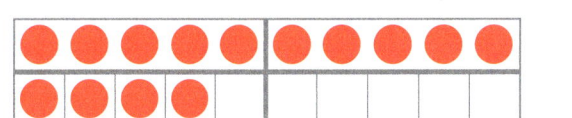

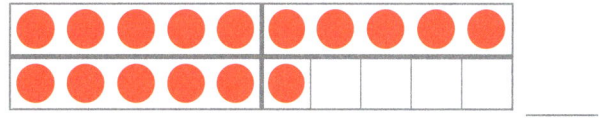

2 Zerlege.

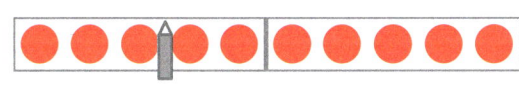

____ + ____

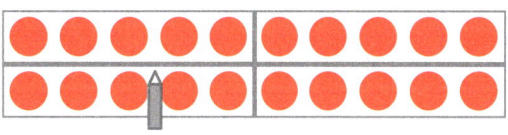

____ + ____

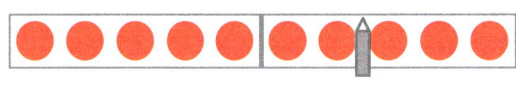

____ + ____

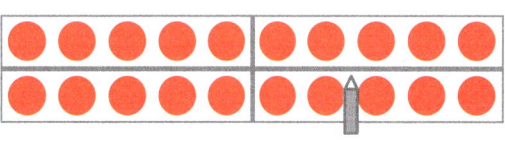

____ + ____

3 Vergleiche. < oder > oder =?

7 ◯ 6	14 ◯ 7	8 ◯ 5	10 ◯ 5	3 ◯ 0
7 ◯ 8	14 ◯ 17	5 ◯ 5	15 ◯ 5	3 ◯ 3

4 Trage die Zahlen ein.

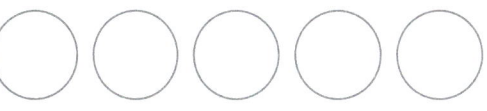 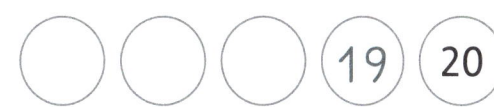

◯ ◯ ◯ ◯ ◯   ◯ ◯ ◯ (19) (20)

◯ ◯ ◯ ◯ ◯   ◯ ◯ ◯ ◯ (15)

Wesentliche Inhalte des Kapitels noch einmal reflektieren, die eigenen Kompetenzen einschätzen.
→ Schulbuch, Seiten 52/53

33

Münzen und Scheine

1 Was fehlt hier? Trage ein.

2 Lege mit möglichst wenigen Münzen und Scheinen.

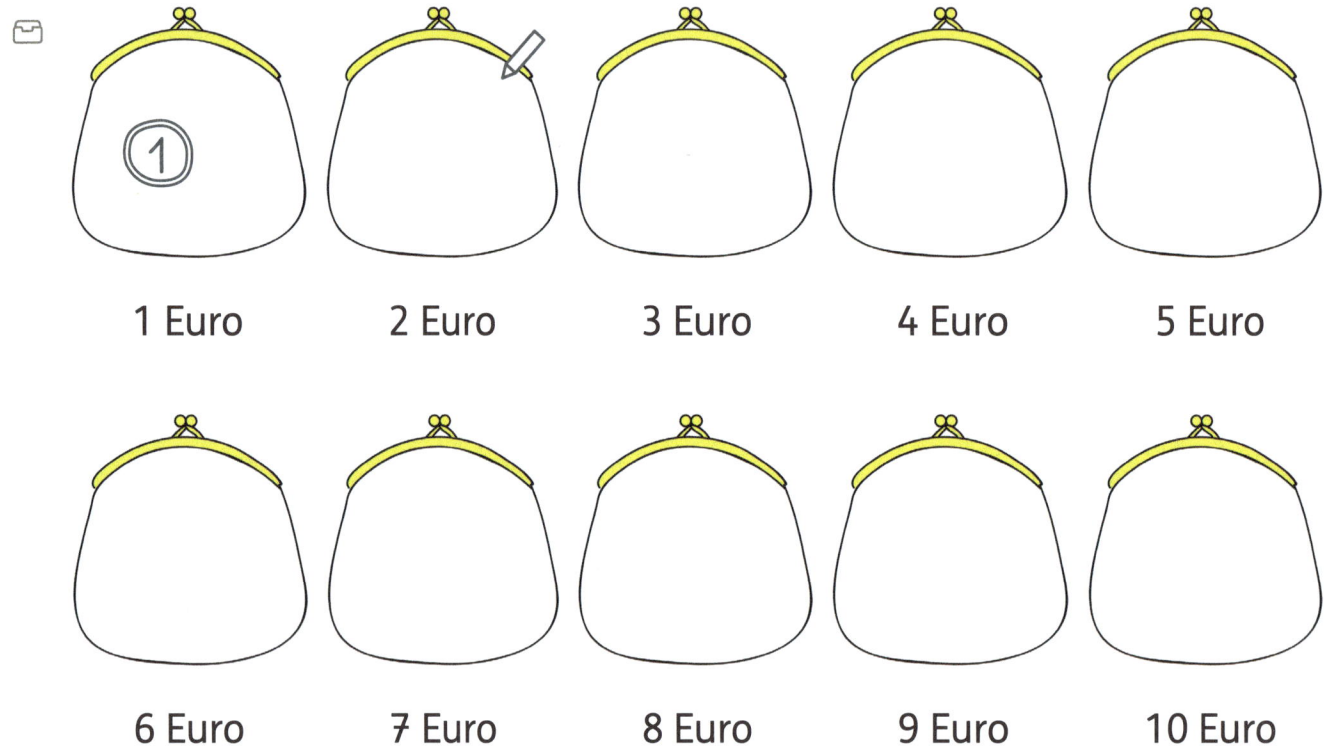

| 1 Euro | 2 Euro | 3 Euro | 4 Euro | 5 Euro |

| 6 Euro | 7 Euro | 8 Euro | 9 Euro | 10 Euro |

3 Lege mit 4 Münzen oder Scheinen.

| 11 Euro | 13 Euro | 15 Euro | 9 Euro |

1 Münzen und Scheine erkennen und Wert eintragen. **2** Angegebene Beträge mit möglichst wenigen Scheinen und Münzen legen. **3** Angegebene Beträge mit jeweils vier Scheinen bzw. Münzen legen.

→ Schulbuch, Seiten 54/55

Rechengeschichten

1 | Was passiert?

_7_   _3_ dazu   _____

_____   _____ weg   _____

_____   _____   _____

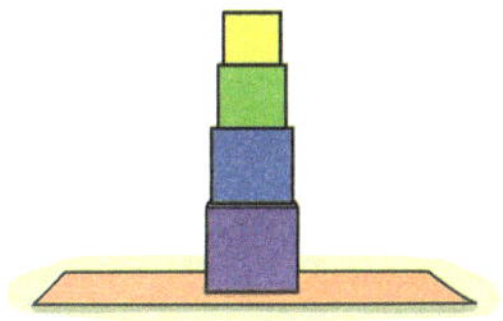

_____   _____   _____

2 | Meine Rechengeschichte.

_____   _____   _____

1 Erkennen, in welchen Situationen die Anzahl der Gegenstände zu- bzw. abnimmt. Gegenstände in der passenden Menge malen und die Anzahl notieren.   **2** Eigene Plus- oder Minusgeschichte erfinden, dazu malen und erzählen.

→ Schulbuch, Seiten 56/57

_____   _____

_____   _____

_____   _____

_____   _____

1 Mehrere passende Plusaufgaben notieren. Die Aufgaben können in den Bildern eingekreist werden.

→ Schulbuch, Seiten 58/59

Plusaufgaben in der Umwelt

1

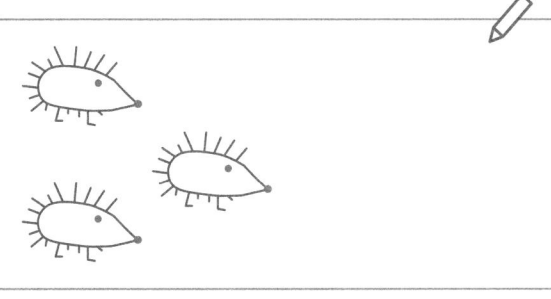

$$3 + 3 =$$

$$2 + 2 =$$

$$4 + 3 =$$

$$1 + 3 =$$

$$5 + 6 =$$

2 Diese Aufgaben kann ich schon:

1 Bilder zu den Aufgaben malen, das erste Bild fertig malen. **2** Die Kinder schreiben Plusaufgaben, die sie bereits kennen (evtl. schon über Zwanzigerraum hinaus), Lehrperson erhält Rückmeldung über die Vorkenntnisse der Kinder.

→ Schulbuch, Seiten 58/59

1 Erzähle: Was passiert? Finde Plusaufgaben.

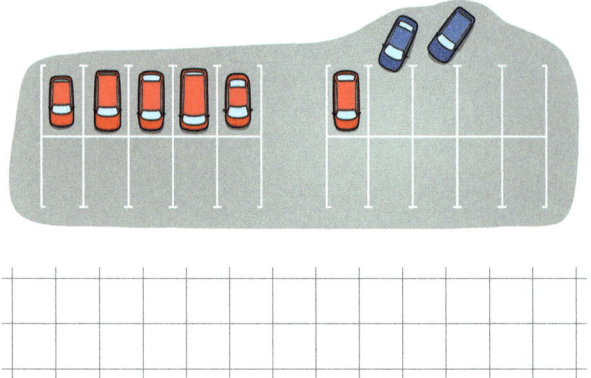

2 Welche Aufgaben passen zum Bild?

| 5 + 5 | 5 + 5 + 2 | 5 + 3 + 2 | 6 + 4 | 5 + 7 | 8 + 2 |

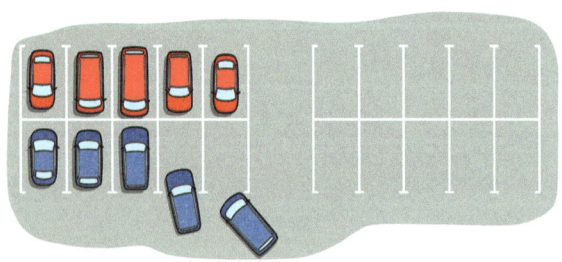

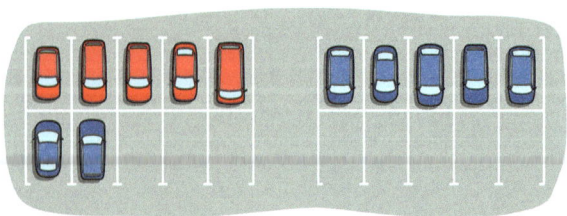

1, 2 Passende Plusaufgaben finden. Bei Aufgabe 2 kann eine Aufgabenkarte nicht passend zugeordnet werden.

→ Schulbuch, Seiten 60/61

Plusaufgaben am Zwanzigerfeld

1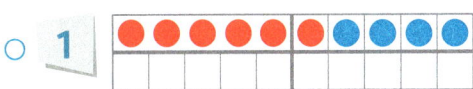

___ + ___ = ___   ___ + ___ = ___   ___ + ___ = ___

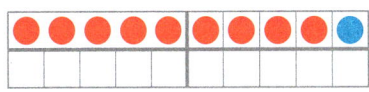 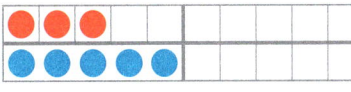 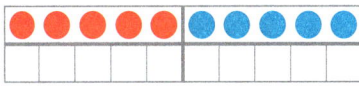

___ + ___ = ___   ___ + ___ = ___   ___ + ___ = ___

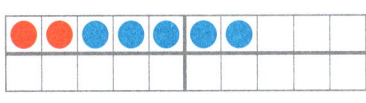 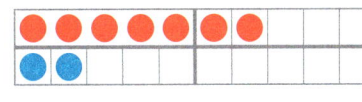 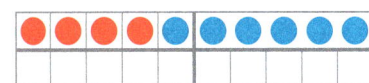

___ + ___ = ___   ___ + ___ = ___   ___ + ___ = ___

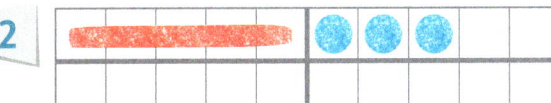 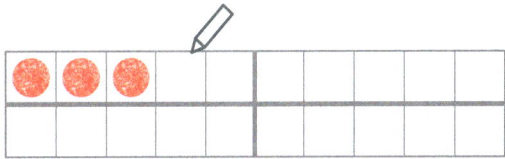

___ + ___ = ___   ___ + ___ = ___   ___ + ___ = ___

___ + ___ = ___   ___ + ___ = ___   ___ + ___ = ___

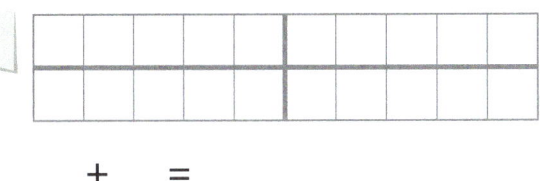 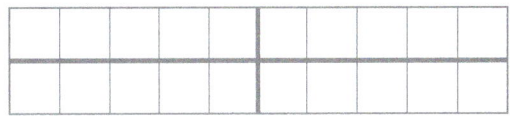

___ + ___ = ___   ___ + ___ = ___   ___ + ___ = ___

2

$5 + 3 =$ ____ $3 + 4 =$ ____

$7 + 3 =$ ____ $2 + 3 =$ ____

3

___ + ___ = ___   ___ + ___ = ___

1 Finde Aufgabe und Tauschaufgabe.

$3 + 5 = 8$
$5 + 3 = \underline{}$

$\underline{} + \underline{} = \underline{}$
$\underline{} + \underline{} = \underline{}$

$\underline{} + \underline{} = \underline{}$
$\underline{} + \underline{} = \underline{}$

$\underline{} + \underline{} = \underline{}$
$\underline{} + \underline{} = \underline{}$

$\underline{} + \underline{} = \underline{}$
$\underline{} + \underline{} = \underline{}$

$\underline{} + \underline{} = \underline{}$
$\underline{} + \underline{} = \underline{}$

$\underline{} + \underline{} = \underline{}$
$\underline{} + \underline{} = \underline{}$

$\underline{} + \underline{} = \underline{}$
$\underline{} + \underline{} = \underline{}$

$\underline{} + \underline{} = \underline{}$
$\underline{} + \underline{} = \underline{}$

2 Welche Aufgabe findest du einfacher? Kreuze an.

$2 + 7 = \underline{9}$
X $7 + 2 = \underline{9}$

$1 + 6 = \underline{}$
$6 + 1 = \underline{}$

$10 + 6 = \underline{}$
$6 + 10 = \underline{}$

$11 + 2 = \underline{}$
$2 + 11 = \underline{}$

$5 + 2 = \underline{}$
$2 + 5 = \underline{}$

$2 + 4 = \underline{}$
$4 + 2 = \underline{}$

$15 + 2 = \underline{}$
$2 + 15 = \underline{}$

$13 + 1 = \underline{}$
$1 + 13 = \underline{}$

$8 + 1 = \underline{}$
$1 + 8 = \underline{}$

$16 + 3 = \underline{}$
$3 + 16 = \underline{}$

$3 + 6 = \underline{}$
$6 + 3 = \underline{}$

$3 + 17 = \underline{}$
$17 + 3 = \underline{}$

3
$18 + 1 = \underline{}$
$1 + 7 = \underline{}$
$2 + 6 = \underline{}$
$11 + 7 = \underline{}$
$4 + 5 = \underline{}$

$1 + 16 = \underline{}$
$3 + 7 = \underline{}$
$8 + 2 = \underline{}$
$12 + 1 = \underline{}$
$3 + 5 = \underline{}$

$7 + 10 = \underline{}$
$1 + 13 = \underline{}$
$3 + 9 = \underline{}$
$6 + 2 = \underline{}$
$5 + 8 = \underline{}$

$10 + 3 = \underline{}$
$5 + 3 = \underline{}$
$1 + 9 = \underline{}$
$5 + 5 = \underline{}$
$11 + 3 = \underline{}$

1 Aufgabe und Tauschaufgabe zu den Abbildungen finden und miteinander vergleichen.   **2** Erkennen, dass eine Aufgabe einfacher ist, wenn der erste Summand der größere ist.   **3** Plusaufgaben rechnen, dabei ggf. Tauschaufgaben nutzen.
→ Schulbuch, Seite 63

Verdoppeln

1 Verdoppeln. Zeige und rechne geschickt.

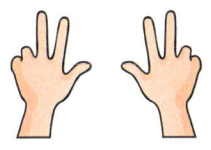 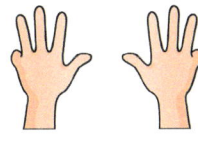 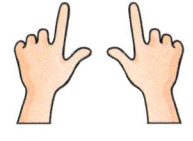

3 + 3 = 6   ___ + ___ = ___   ___ + ___ = ___

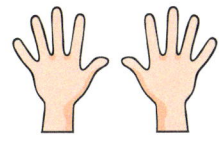 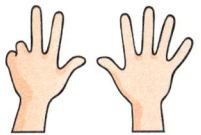 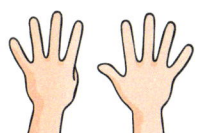

___ + ___ = ___   ___ + ___ = ___   ___ + ___ = ___

2 Wie viele?

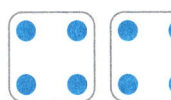  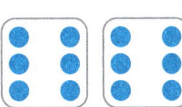 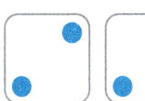

_____   _____   _____   _____   _____

3 Zeichne und rechne  .

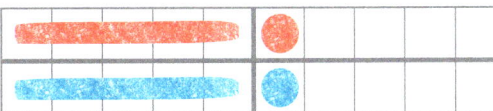

6 + 6 = ___

5 + 5 = ___

7 + 7 = ___

8 + 8 = ___

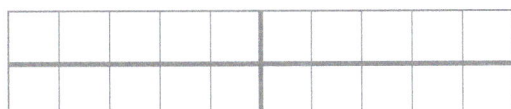

9 + 9 = ___

10 + 10 = ___

1 Verdopplungsaufgaben mit den Händen zeigen. Anzahl geschickt ermitteln, Kraft der 5 nutzen.   **2** Würfelpasch berechnen.
3 Verdopplungsaufgaben untereinander zeichnen, Ergebnis mithilfe der Doppelfünf (10) berechnen (ggf. einkreisen lassen).

→ Schulbuch, Seiten 64/65

Einfache Plusaufgaben

1 Einfach legen – einfach rechnen **mit 10** .

$\underline{10 + 3 = 13}$

___ + ___ = ___

___ + ___ = ___

___ + ___ = ___

___ + ___ = ___

___ + ___ = ___

___ + ___ = ___

___ + ___ = ___

___ + ___ = ___

2 Zeichne und rechne **mit 10** .

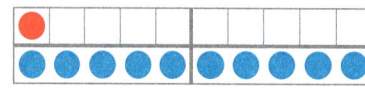

$10 + 7 =$ ___

$10 + 9 =$ ___

$2 + 10 =$ ___

$4 + 10 =$ ___

3

$10 + 2 =$ ___ $10 + 4 =$ ___ $1 + 10 =$ ___ $9 + 10 =$ ___

$10 + 3 =$ ___ $10 + 6 =$ ___ $3 + 10 =$ ___ $6 + 10 =$ ___

$10 + 4 =$ ___ $10 + 8 =$ ___ $5 + 10 =$ ___ $3 + 10 =$ ___

$10 + 5 =$ ___ $10 + 10 =$ ___ $7 + 10 =$ ___ $0 + 10 =$ ___

4

1 Einfache Aufgaben mit Fünfer- bzw. Zehnerstreifen legen und rechnen.   **2** Einfache Aufgaben aufzeichnen, für den Zehner und Fünfer einen Strich zeichnen.   **3** Aufgaben ,mit 10' rechnen.   **4** Raute zeichnen üben.

→ Schulbuch, Seite 66

Einfache Plusaufgaben

1 Einfach legen – einfach rechnen 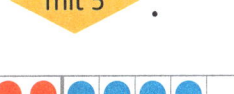 .

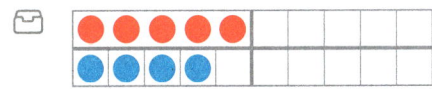

5 + 4 = _____

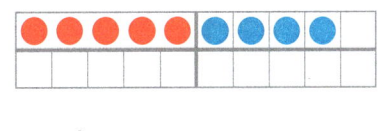

_____ + _____ = _____

> 5 + 4 ist einfach.
> 1 weniger als 10.

Noah

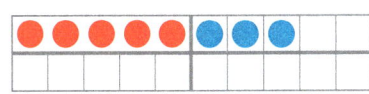

_____ + _____ = _____

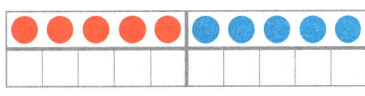

_____ + _____ = _____

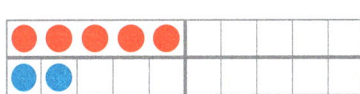

_____ + _____ = _____

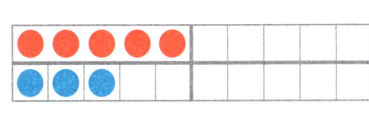

_____ + _____ = _____

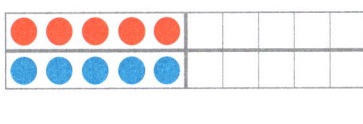

_____ + _____ = _____

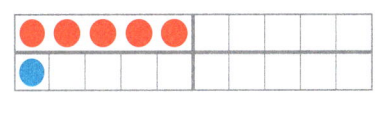

_____ + _____ = _____

2 Zeichne und rechne  .

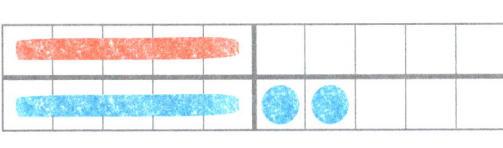

> 2 Fünfer sind 10.

Ina

5 + 7 = _____

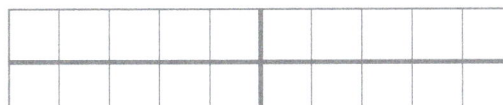

5 + 6 = _____

6 + 5 = _____

5 + 8 = _____

8 + 5 = _____

3

5 + 2 = ___	1 + 5 = ___	5 + 6 = ___	7 + 5 = ___
5 + 5 = ___	3 + 5 = ___	5 + 8 = ___	6 + 5 = ___
5 + 3 = ___	4 + 5 = ___	5 + 7 = ___	9 + 5 = ___
5 + 4 = ___	0 + 5 = ___	5 + 9 = ___	10 + 5 = ___

1 Einfache Aufgaben mit Fünferstreifen legen und rechnen. **2** Einfache Aufgaben aufzeichnen, Doppelfünfer zum geschickten Rechnen nutzen, ggf. einkreisen lassen. **3** Aufgaben ‚mit 5' rechnen.
→ Schulbuch, Seite 67

43

Einfache Plusaufgaben

1 Einfach legen – einfach rechnen ◆ = 10 .

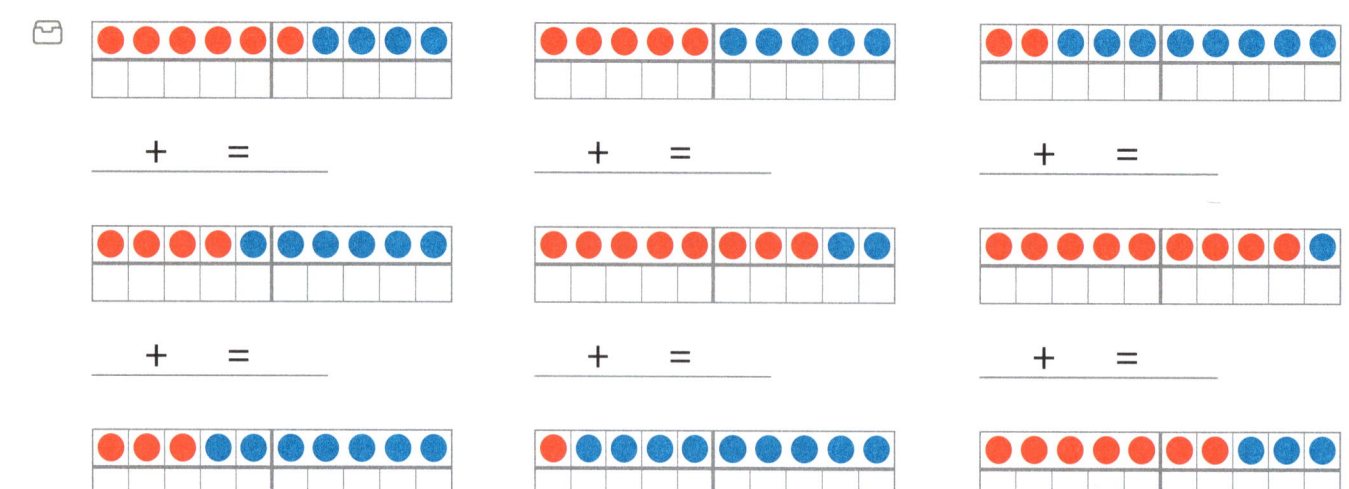

＿＿ + ＿＿ = ＿＿   ＿＿ + ＿＿ = ＿＿   ＿＿ + ＿＿ = ＿＿

＿＿ + ＿＿ = ＿＿   ＿＿ + ＿＿ = ＿＿   ＿＿ + ＿＿ = ＿＿

＿＿ + ＿＿ = ＿＿   ＿＿ + ＿＿ = ＿＿   ＿＿ + ＿＿ = ＿＿

2 Zeichne und rechne ◆ = 10 .

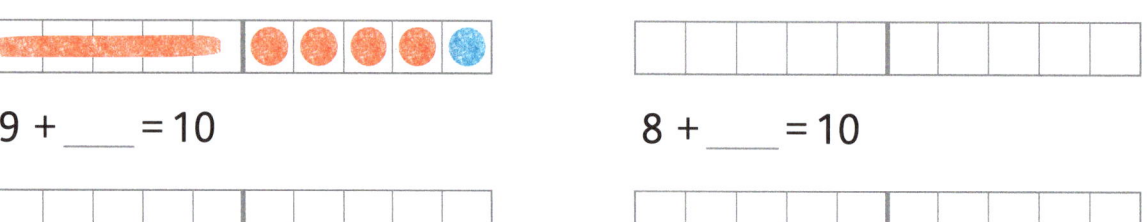

9 + ＿＿ = 10   8 + ＿＿ = 10

6 + ＿＿ = 10   7 + ＿＿ = 10

5 + ＿＿ = 10   4 + ＿＿ = ＿＿

3 5 + ＿＿ = 10   8 + ＿＿ = 10   7 + ＿＿ = 10   3 + ＿＿ = 10

6 + ＿＿ = 10   2 + ＿＿ = 10   0 + ＿＿ = 10   1 + ＿＿ = 10

4 ＿＿ + 2 = 10   ＿＿ + 1 = 10   ＿＿ + 6 = 10   ＿＿ + 5 = 10

＿＿ + 4 = 10   ＿＿ + 0 = 10   ＿＿ + 9 = 10   ＿＿ + 7 = 10

1 Einfache Aufgabe ‚ = 10' nachlegen und rechnen.   **2** Einzeichnen: Wie viele fehlen bis 10? Für den Zehner- und Fünferstreifen einen Strich zeichnen.   **3, 4** Einfache Aufgaben rechnen.
→ Schulbuch, Seiten 68/69

Verwandte Aufgaben

1 Rechne mit kleinen Aufgaben.

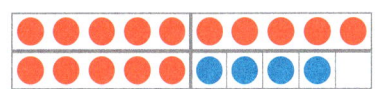

$5 + 4 = \underline{\quad}$

$15 + 4 = \underline{\quad}$

> Ich rechne einfach 5 + 4.
> Dann 1 Zehner mehr.

Lena

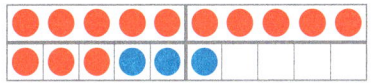

$3 + 3 = \underline{\quad}$

$13 + 3 = \underline{\quad}$

$2 + 4 = \underline{\quad}$

$12 + 4 = \underline{\quad}$

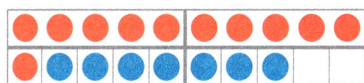

$1 + 7 = \underline{\quad}$

$11 + 7 = \underline{\quad}$

2 Verwandte Aufgaben.

$4 + 5 = \underline{\quad}$ $7 + 1 = \underline{\quad}$ $8 + 2 = \underline{\quad}$ $6 + 0 = \underline{\quad}$

$14 + 5 = \underline{\quad}$ $17 + 1 = \underline{\quad}$ $18 + 2 = \underline{\quad}$ $16 + 0 = \underline{\quad}$

$4 + 15 = \underline{\quad}$ $7 + 11 = \underline{\quad}$ $8 + 12 = \underline{\quad}$ $6 + 10 = \underline{\quad}$

3 Lege, rechne und vergleiche. Was fällt dir auf?

$2 + 5 = \underline{\quad}$ $2 + 6 = \underline{\quad}$ $5 + 1 = \underline{\quad}$ $8 + 1 = \underline{\quad}$

$12 + 5 = \underline{\quad}$ $12 + 6 = \underline{\quad}$ $15 + 1 = \underline{\quad}$ $18 + 1 = \underline{\quad}$

$15 + 2 = \underline{\quad}$ $16 + 2 = \underline{\quad}$ $11 + 5 = \underline{\quad}$ $11 + 8 = \underline{\quad}$

$4 + 3 = \underline{\quad}$ $3 + 2 = \underline{\quad}$ $4 + 6 = \underline{\quad}$ $7 + 3 = \underline{\quad}$

$14 + 3 = \underline{\quad}$ $13 + 2 = \underline{\quad}$ $14 + 6 = \underline{\quad}$ $17 + 3 = \underline{\quad}$

$13 + 4 = \underline{\quad}$ $12 + 3 = \underline{\quad}$ $16 + 4 = \underline{\quad}$ $13 + 7 = \underline{\quad}$

4 Finde verwandte Aufgaben.

$4 + 4 = \underline{8}$ $5 + 3 = \underline{\quad}$ $6 + 3 = \underline{\quad}$ $5 + 5 = \underline{\quad}$

$14 + \underline{\qquad\qquad}$ $\underline{\qquad\qquad}$ $\underline{\qquad\qquad}$ $\underline{\qquad\qquad}$

$\underline{\qquad\qquad}$ $\underline{\qquad\qquad}$ $\underline{\qquad\qquad}$ $\underline{\qquad\qquad}$

1–4 Struktur des Dezimalsystems nutzen, um Aufgaben im größeren Zahlenraum auf bekannte Aufgaben zurück zu führen. Verwandte Aufgaben unterscheiden sich nur um einen Zehner voneinander.   **3** Auffälligkeiten mit Forschermitteln (Farben, Pfeile...) markieren.

→ Schulbuch, Seiten 70/71

45

Schwierige Plusaufgaben

1 Zeichne die einfache Aufgabe  **mit 10** und rechne die Nachbaraufgabe.

Erst 3 + 10 und dann 1 weniger.

Finn

3 + 10 = ____

3 + 9 = ____

10 + 2 = ____

9 + 2 = ____

10 + 7 = ____

9 + 7 = ____

2 5 + 10 = _15_   8 + 10 = ____   7 + 10 = ____   2 + 10 = ____

5 + 9 = ____   8 + 9 = ____   7 + 9 = ____   2 + 9 = ____

10 + 4 = ____   10 + 6 = ____   10 + 8 = ____   10 + 7 = ____

9 + 4 = ____   9 + 6 = ____   9 + 8 = ____   9 + 7 = ____

3 Rechne erst die einfache Aufgabe **doppelt**.

3 + 3 = ____   5 + 5 = ____   6 + 6 = ____   8 + 8 = ____

3 + 4 = ____   5 + 6 = ____   6 + 7 = ____   8 + 9 = ____

6 + 6 = ____   7 + 7 = ____   4 + 4 = ____   8 + 8 = ____

7 + 6 = ____   8 + 7 = ____   5 + 4 = ____   9 + 8 = ____

4 Rechne erst die einfache Aufgabe. Markiere **mit 10** **doppelt**.

5 + 5 = _10_   7 + 7 = ____   10 + 5 = ____   6 + 10 = ____

6 + 5 = ____   8 + 7 = ____   11 + 5 = ____   6 + 11 = ____

1 Aufgaben ‚mit 10' im Zwanzigerfeld darstellen, Veränderungen (– 1) mental durchführen oder einzeichnen.   **2** Nachbaraufgaben (mit 9) mit den einfachen Aufgaben ‚mit 10' lösen.   **3, 4** Nachbaraufgaben mit den einfachen Aufgaben ‚doppelt' bzw. ‚mit 10' lösen, Veränderungen (+ 1, -1) mental durchführen (ggf. am Material legen) und beschreiben.

→ Schulbuch, Seiten 72/73

Schwierige Plusaufgaben

1 Zeichne die einfache Aufgabe 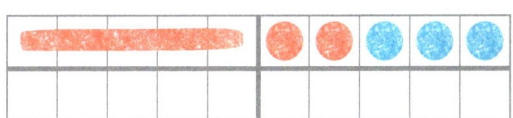 und rechne die Nachbaraufgabe.

7 + 3 = ___

7 + 4 = ___

6 + 4 = ___

6 + 5 = ___

3 + 7 = ___

3 + 8 = ___

4 + 6 = ___

4 + 7 = ___

2 Rechne erst die einfache Aufgabe.

Markiere mit 10 doppelt = 10 .

9 + 2 = ___	7 + 3 = ___	9 + 4 = ___	3 + 7 = ___
10 + 2 = 12	7 + 4 = ___	10 + 4 = ___	2 + 7 = ___
6 + 7 = ___	5 + 5 = ___	6 + 9 = ___	8 + 2 = ___
7 + 7 = ___	5 + 6 = ___	6 + 10 = ___	8 + 3 = ___
8 + 7 = ___	9 + 5 = ___	3 + 6 = ___	7 + 6 = ___
8 + 8 = ___	10 + 5 = ___	4 + 6 = ___	6 + 6 = ___
5 + 6 = ___	8 + 8 = ___	9 + 8 = ___	7 + 9 = ___
6 + 6 = ___	7 + 8 = ___	10 + 8 = ___	7 + 10 = ___

3

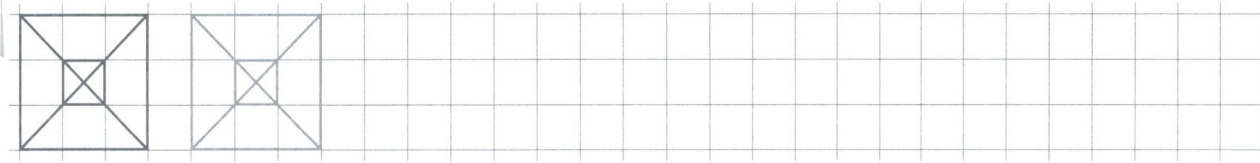

1 Einfache Aufgaben ‚= 10' und Nachbaraufgaben lösen, operative Beziehungen zum Lösen nutzen: Aufgaben ‚=10' im Zwan-
zigerfeld darstellen, operative Veränderungen (+1) mental oder zeichnerisch durchführen.   **2** Beziehungen zwischen den
Aufgabenpaaren erkunden und einfache Aufgaben zum Lösen von schwierigen Aufgaben heranziehen.

→ Schulbuch, Seiten 72/73

47

Rechenwege

1 Vergleiche die lange Aufgabe mit der kurzen. Zeichne und rechne.

5 +   6

5 + 5 + 1 = ____

Erst 5 verdoppeln.
Dann noch +1.

Luis

4 +   5

4 + 4 + 1 = ____

7 +   8

7 + 7 + ____ = ____

7 +   5

7 + 3 + 2 = ____

4 +   8

4 + 6 + ____ = ____

2 Rechne geschickt mit der langen Aufgabe.

6 +   7

6 + 6 + 1 = ____

6 +   8

6 + 6 + 2 = ____

5 +   6

5 + 5 + 1 = ____

8 +   7

8 + 2 + 5 = ____

8 +   4

8 + 2 + 2 = ____

4 +   7

4 + 6 + ____ = ____

3 Rechne geschickt. Achte auf = 10   mit 10   doppelt   mit 5 .

5 + 6 = ____   9 + 3 = ____   9 + 6 = ____   5 + 8 = ____

8 + 4 = ____   7 + 5 = ____   3 + 4 = ____   8 + 6 = ____

6 + 7 = ____   4 + 5 = ____   8 + 7 = ____   7 + 9 = ____

4 + 9 = ____   6 + 7 = ____   9 + 7 = ____   6 + 5 = ____

1, 2 Lange Aufgaben zum Lösen der schwierigen Aufgaben nutzen.   **3** Abhängig vom Zahlenmaterial Rechenweg geschickt wählen.
→ Schulbuch, Seite 74

Forschen und Finden: Schöne Päckchen

1 Schöne Päckchen. Setze fort.

2 + 4 = ___	3 + 1 = ___	3 + 3 = ___	2 + 3 = ___
4 + 4 = ___	3 + 3 = ___	4 + 4 = ___	3 + 4 = ___
6 + 4 = ___	3 + 5 = ___	5 + 5 = ___	4 + 5 = ___
8 + 4 = ___	3 + 7 = ___	6 + 6 = ___	5 + 6 = ___

_____ _____ _____ _____

_____ _____ _____ _____

_____ _____ _____ _____

2 Schöne Päckchen. Setze fort.

6 + 6 = ___	7 + 7 = ___	0 + 15 = ___	5 + 12 = ___
5 + 7 = ___	6 + 9 = ___	1 + 13 = ___	6 + 10 = ___
4 + 8 = ___	5 + 11 = ___	2 + 11 = ___	7 + 8 = ___
3 + 9 = ___	4 + 13 = ___	3 + 9 = ___	8 + 6 = ___

_____ _____ _____ _____

_____ _____ _____ _____

_____ _____ _____ _____

3 Schöne Päckchen. Rechne geschickt. Setze fort.

5 + 5 + 5 = ___	1 + 6 + 4 = ___	1 + 0 + 9 = ___	5 + 7 + 1 = ___
6 + 4 + 4 = ___	2 + 5 + 5 = ___	2 + 1 + 8 = ___	5 + 6 + 2 = ___
7 + 3 + 3 = ___	3 + 4 + 6 = ___	3 + 2 + 7 = ___	5 + 5 + 3 = ___
8 + 2 + 2 = ___	4 + 3 + 7 = ___	4 + 3 + 6 = ___	5 + 4 + 4 = ___

_____ _____ _____ _____

_____ _____ _____ _____

Rückblick

1 Finde Plusaufgaben am Zwanzigerfeld.

_____ + _____ = _____   _____ + _____ = _____   _____ + _____ = _____

2 Rechne einfache Aufgaben.

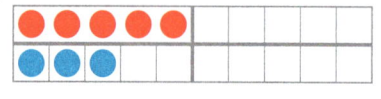 mit 5   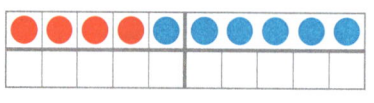 = 10   doppelt   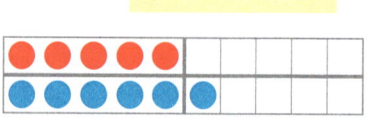 mit 10

3 + 5 = _____   2 + 8 = _____   2 + 2 = _____   2 + 10 = _____

5 + 4 = _____   9 + 1 = _____   4 + 4 = _____   10 + 3 = _____

1 + 5 = _____   7 + 3 = _____   8 + 8 = _____   7 + 10 = _____

3 Mit Nachbaraufgaben rechnen.

2 + 5 = _____   9 + 1 = _____   4 + 4 = _____   10 + 7 = _____

2 + 6 = _____   9 + 2 = _____   3 + 4 = _____   11 + 7 = _____

4 Mit verwandten Aufgaben rechnen.

3 + 5 = _____   2 + 2 = _____   5 + 2 = _____   7 + 3 = _____

13 + 5 = _____   12 + 2 = _____   15 + 2 = _____   17 + 3 = _____

5 Mit Münzen und Scheinen rechnen.

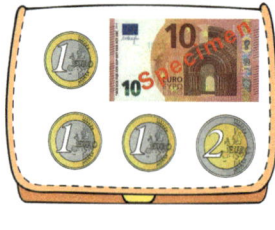   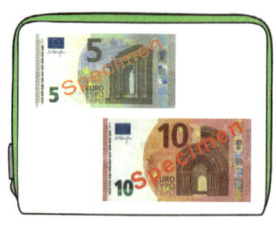   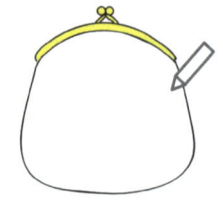   

_____ €   _____ €   20 €   20 €

Wesentliche Inhalte des Kapitels noch einmal reflektieren, die eigenen Kompetenzen einschätzen.
→ Schulbuch, Seiten 76/77

Ornamente

1 Lege und zeichne weiter.

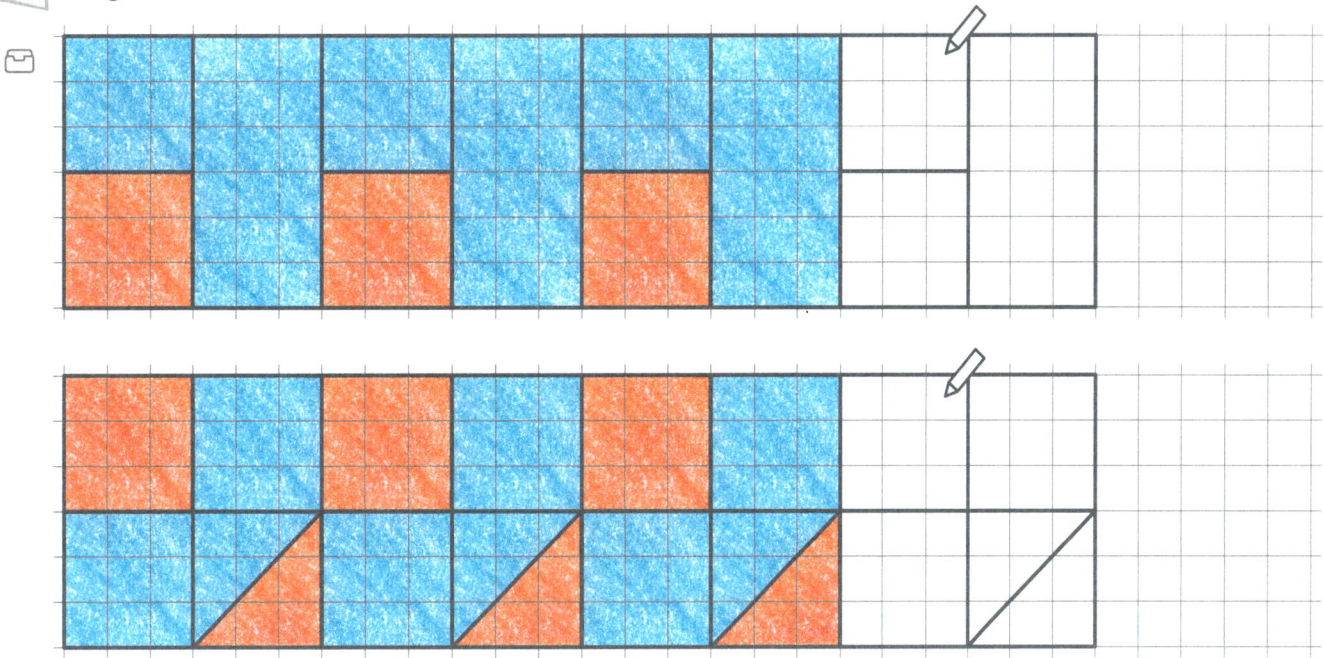

2 Lege Muster mit ◣ und ▇ und zeichne.

3 Zeichne weiter.

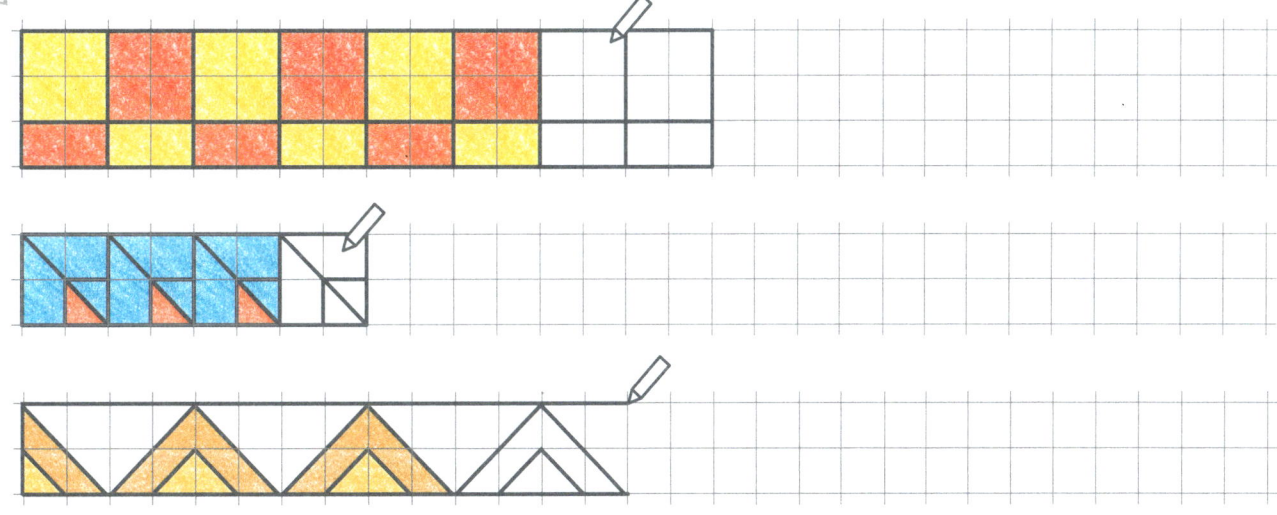

1, 2 Ornamente mit Legematerial nachlegen und forsetzen. Anschließend zeichnen. Auf Grundmuster achten.
3 Muster zeichnerisch forsetzen. Auf Grundmuster achten.

→ Schulbuch, Seiten 78/79

51

Spiegeln

1 Finde und zeichne die Spiegelachse.

2 Finde und zeichne die Spiegelachse.

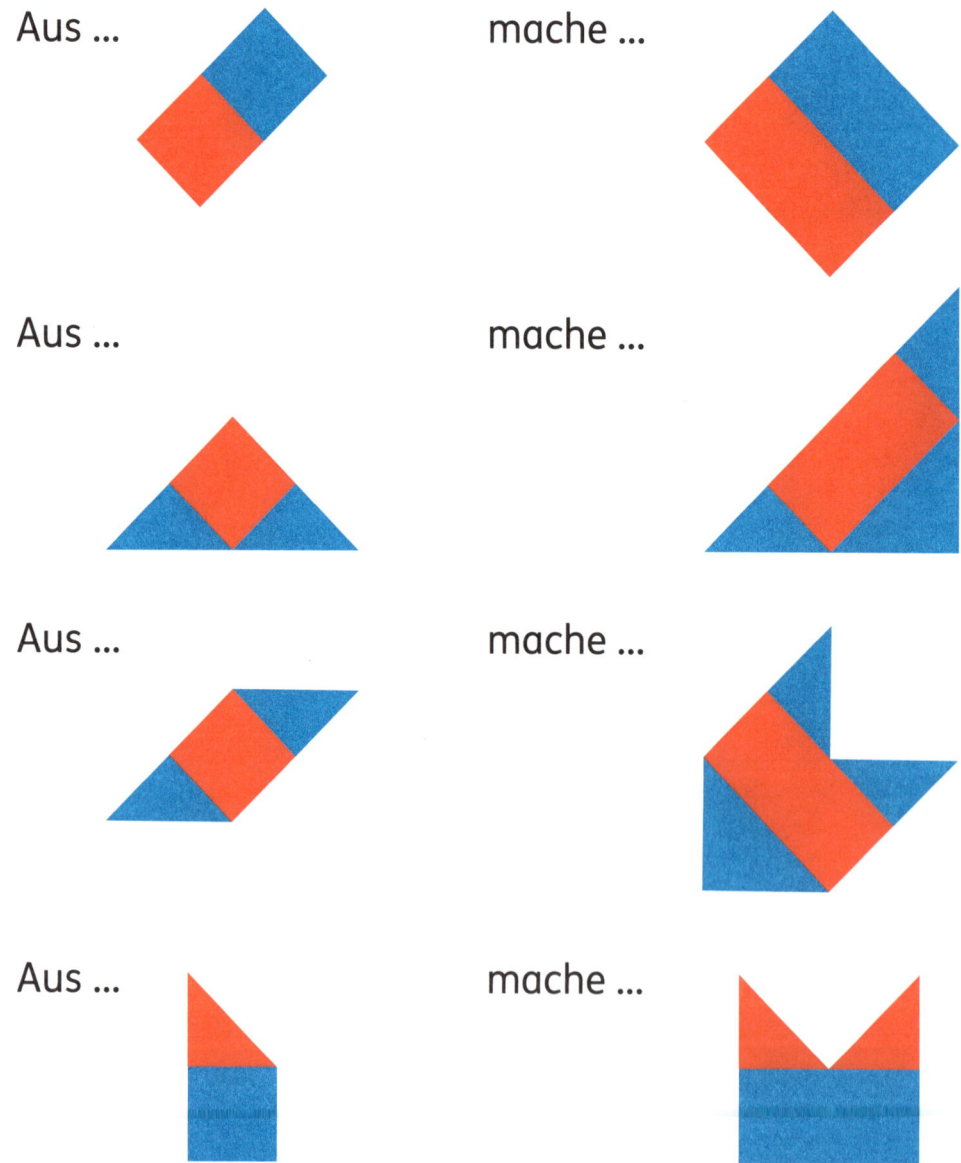

Aus ...   mache ...

Aus ...   mache ...

Aus ...   mache ...

Aus ...   mache ...

1, 2 Spiegelachsen mit dem Spiegel finden und einzeichnen.
→ Schulbuch, Seiten 80/81

Minusaufgaben in der Umwelt

○ **1**

_____

_____

_____

_____

_____

_____

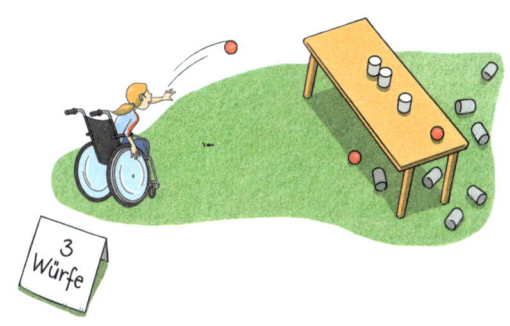

3
Würfe

_____

_____

1 Mehrere passende Minusaufgaben notieren. Die Aufgaben können in den Bildern eingekreist werden.

→ Schulbuch, Seiten 82/83

Minusaufgaben in der Umwelt

1

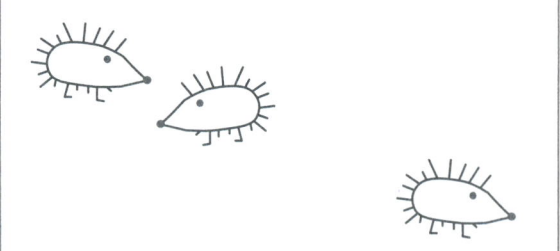

$3 - 1 =$

$5 - 4 =$

$6 - 3 =$

$3 - 3 =$

$4 - 2 =$

2 Diese Aufgaben kann ich schon:

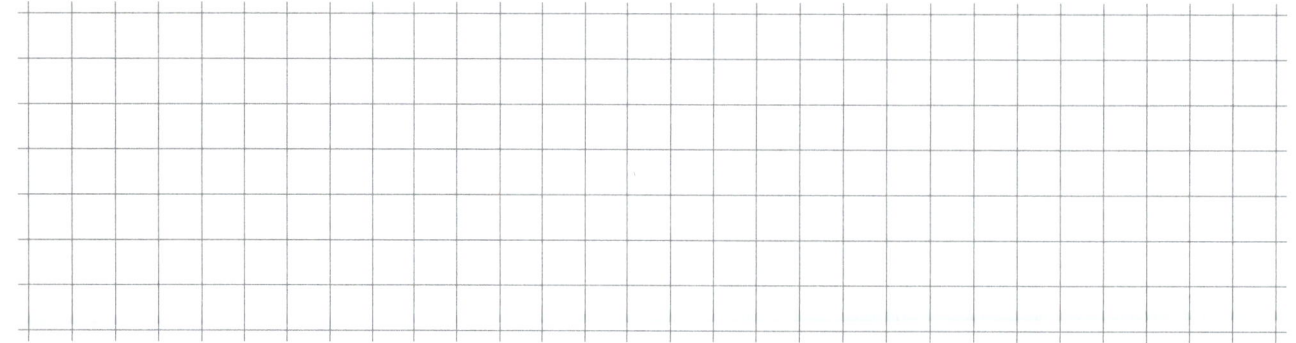

1 Bilder zu den Aufgaben malen. 2 Die Kinder schreiben Minusaufgaben, die sie bereits kennen (evtl. schon über Zwanzigerraum hinaus), Lehrperson erhält Rückmeldung über die Vorkenntnisse der Kinder.
→ Schulbuch, Seiten 82/83

Minusaufgaben am Zwanzigerfeld

 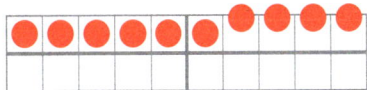 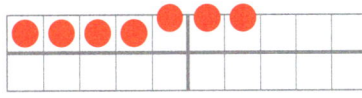 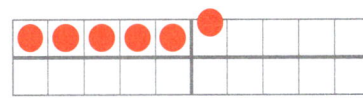

10 − 4 = _____   7 − 2 = _____   _____ − _____ = _____

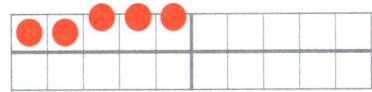 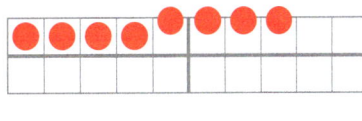 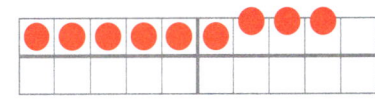

_____ − _____ = _____   _____ − _____ = _____   _____ − _____ = _____

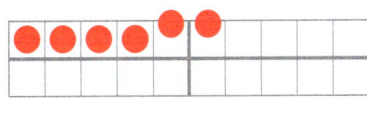 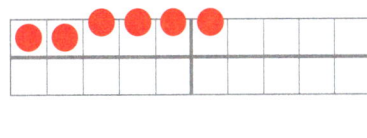 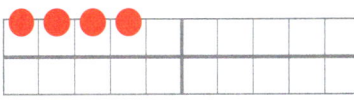

_____ − _____ = _____   _____ − _____ = _____   _____ − _____ = _____

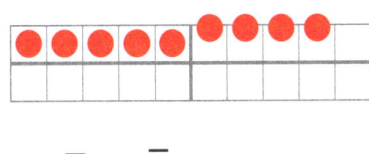 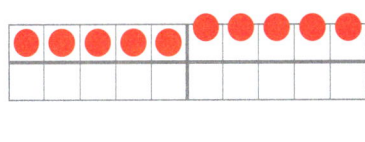 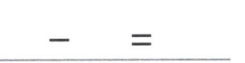

_____ − _____ = _____   _____ − _____ = _____   _____ − _____ = _____

 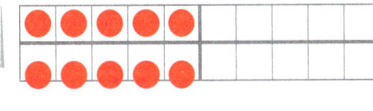 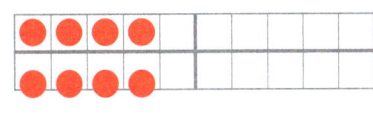 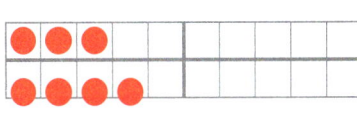

_____ − _____ = _____   _____ − _____ = _____   _____ − _____ = _____

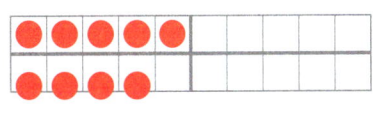 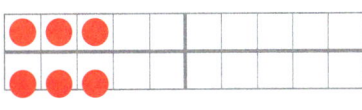 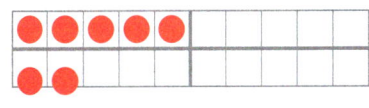

_____ − _____ = _____   _____ − _____ = _____   _____ − _____ = _____

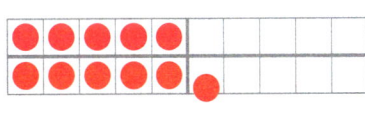 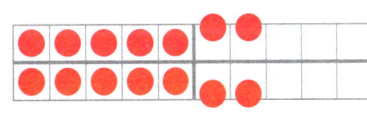

_____ − _____ = _____   _____ − _____ = _____   _____ − _____ = _____

3 | Lege und rechne.

6 − 1 = _____	7 − 2 = _____	10 − 1 = _____	14 − 4 = _____
6 − 3 = _____	7 − 1 = _____	10 − 5 = _____	14 − 10 = _____
6 − 5 = _____	7 − 0 = _____	10 − 0 = _____	14 − 1 = _____
6 − 0 = _____	7 − 5 = _____	10 − 9 = _____	14 − 0 = _____

Einfache Minusaufgaben

1 Einfach legen – einfach rechnen 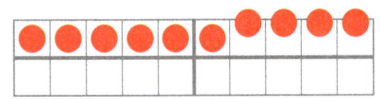.

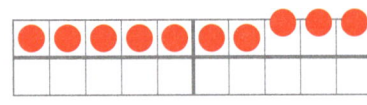 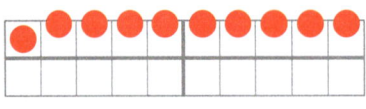 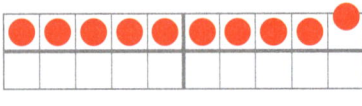

10 – 4 = ___   ___ – ___ = ___   ___ – ___ = ___

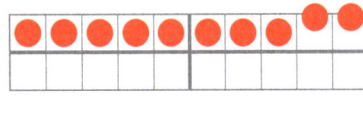 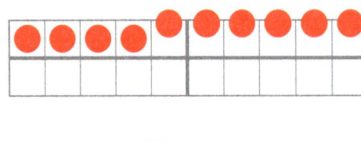 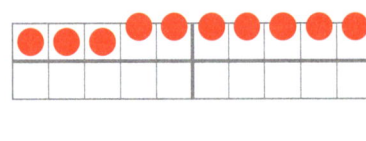

___ – ___ = ___   ___ – ___ = ___   ___ – ___ = ___

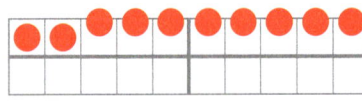 (weitere Abbildungen)

___ – ___ = ___   ___ – ___ = ___   ___ – ___ = ___

2 Zeichne, rechne und vergleiche 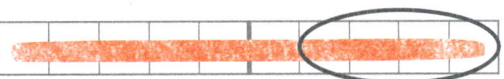.

10 – 4 = ___   10 – 6 = ___

10 – 3 = ___   10 – 7 = ___

10 – 2 = ___   10 – 8 = ___

10 – 1 = ___   10 – 9 = ___

3 Rechne.

10 – ___ = 5   10 – ___ = 2   10 – ___ = 3   10 – ___ = 9

10 – ___ = 0   10 – ___ = 4   10 – ___ = 6   10 – ___ = 10

1 Einfache Aufgaben (nach) legen und rechnen.   **2, 3** Aufgabenpaare vergleichen, Beziehungen erkennen, beschreiben und erklären (z. B. mit Forschermitteln wie Farben und Pfeile, Material).

→ Schulbuch, Seite 86

Einfache Minusaufgaben

1 Einfach legen – einfach rechnen ⟨10⟩.

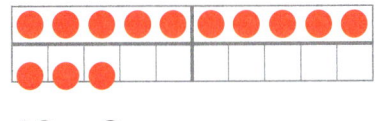

13 – 3 = _____

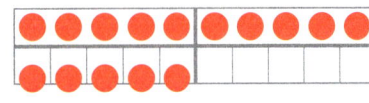

___ – ___ = _____

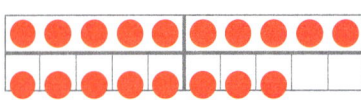

___ – ___ = _____

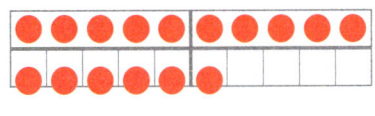

___ – ___ = _____

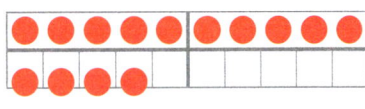

___ – ___ = _____

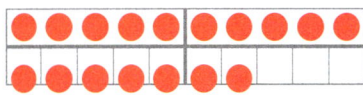

___ – ___ = _____

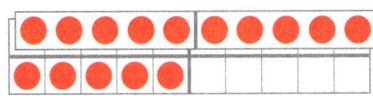

___ – ___ = _____

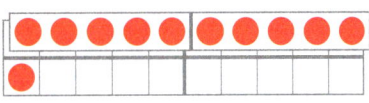

___ – ___ = _____

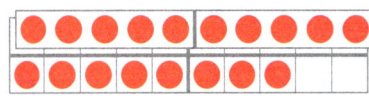

___ – ___ = _____

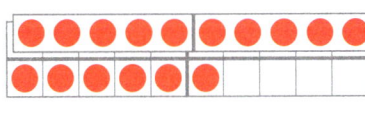

___ – ___ = _____

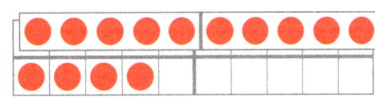

___ – ___ = _____

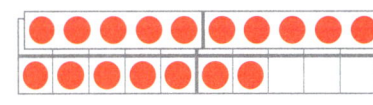

___ – ___ = _____

2 Zeichne, rechne und vergleiche ⟨10⟩.

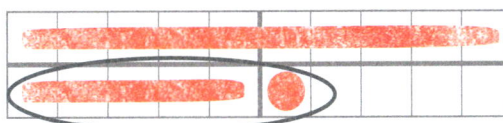

16 – 6 = _____

16 – 10 = _____

14 – 10 = _____

14 – 4 = _____

3 Rechne.

14 – 10 = _____   12 – 10 = _____   16 – 10 = _____   13 – 10 = _____

14 – 4 = _____   12 – 2 = _____   16 – 6 = _____   13 – 3 = _____

19 – 9 = _____   17 – 10 = _____   11 – 1 = _____   18 – 10 = _____

19 – 10 = _____   17 – 7 = _____   11 – 10 = _____   18 – 8 = _____

1 Minusaufgaben ‚mit 10' deuten: Es wird ein Zehner weggenommen oder es bleibt ein Zehner übrig.
2 Operative Beziehungen erkennen, nutzen und beschreiben.   3 Aufgaben ‚mit 10' rechnen, ggf. am Material legen.

→ Schulbuch, Seite 87

Einfache Minusaufgaben

1 Einfach legen – einfach rechnen 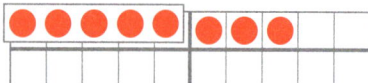 .

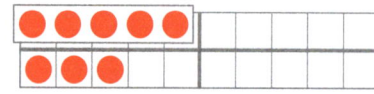

8 − 5 = ___   ___ − ___ = ___   ___ − ___ = ___

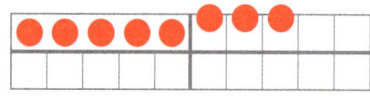

___ − ___ = ___   ___ − ___ = ___   ___ − ___ = ___

___ − ___ = ___   ___ − ___ = ___   ___ − ___ = ___

___ − ___ = ___   ___ − ___ = ___   ___ − ___ = ___

2 Zeichne, rechne und vergleiche 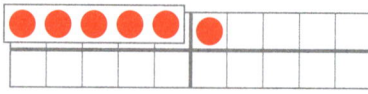 .

12 − 5 = ___

12 − 10 = ___

14 − 5 = ___

14 − 10 = ___

3

6 − 1 = ___   9 − 5 = ___   8 − 3 = ___   7 − 5 = ___

6 − 5 = ___   9 − 4 = ___   8 − 5 = ___   7 − 2 = ___

8 − ___ = 5   6 − ___ = 5   10 − ___ = 5   7 − ___ = 5

13 − ___ = 5   11 − ___ = 5   15 − ___ = 5   12 − ___ = 5

1 Minusaufgaben ‚mit 5‘ deuten: Es wird ein Fünfer weggenommen oder es bleibt ein Fünfer übrig.
2 Operative Beziehungen zwischen ‚mit 5‘ und ‚mit 10‘ erkennen, beschreiben, erklären.   3 Aufgaben vergleichen, Beziehungen beschreiben.

→ Schulbuch, Seiten 88/89

Verwandte Aufgaben

1 Rechne mit der kleinen Aufgabe.

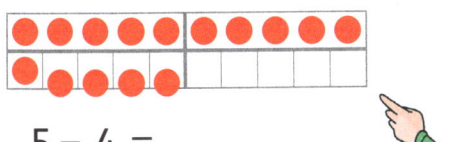

5 − 4 = ____

15 − 4 = ____

Ich rechne einfach 5 − 4. Dann 1 Zehner mehr.

Lena

8 − 4 = ____

18 − 4 = ____

4 − 3 = ____

14 − 3 = ____

7 − 2 = ____

17 − 2 = ____

2 Verwandte Aufgaben. Lege, rechne und vergleiche.

5 − 2 = ____   8 − 5 = ____   6 − 5 = ____   9 − 1 = ____

15 − 2 = ____   18 − 5 = ____   16 − 5 = ____   19 − 1 = ____

3 Verwandte Aufgaben. Rechne.

4 − 2 = ____

14 − 12 = ____

8 − 1 = ____

18 − 11 = ____

7 − 2 = ____

17 − 12 = ____

4

9 − 8 = ____   8 − 3 = ____   10 − 4 = ____   7 − 5 = ____

19 − 8 = ____   18 − 3 = ____   20 − 4 = ____   17 − 5 = ____

19 − 18 = ____   18 − 13 = ____   20 − 14 = ____   17 − 15 = ____

5 Finde verwandte Aufgaben.

9 − 2 = _7_   5 − 3 = ____   6 − 4 = ____   7 − 4 = ____

19

_____   _____   _____   _____

_____   _____   _____   _____

1–5 Struktur des Dezimalsystems nutzen, um Aufgaben im größeren Zahlenraum auf bekannte Aufgaben zurückzuführen. Verwandte Aufgaben unterscheiden sich nur um einen oder mehrere Zehner voneinander.

→ Schulbuch, Seiten 90/91

59

Schwierige Minusaufgaben

1 Nachbaraufgaben 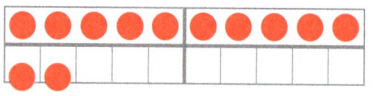 .

Erst 12 − 2 und dann noch 1 Plättchen mehr weg.

12 − 2 = _10_
12 − 3 = ___

Ina

13 − 3 = ___   15 − 5 = ___   16 − 6 = ___   18 − 8 = ___
13 − 4 = ___   15 − 6 = ___   16 − 7 = ___   18 − 9 = ___

11 − 1 = ___   14 − 4 = ___   17 − 7 = ___   19 − 9 = ___
11 − 2 = ___   14 − 5 = ___   17 − 8 = ___   19 − 10 = ___

2 Nachbaraufgaben 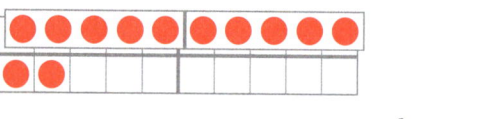 .

Ich rechne die einfache Aufgabe 12 − 10. Dann 1 dazu.

12 − 10 = _2_
12 − 9 = ___

Eric

15 − 10 = ___   13 − 10 = ___   11 − 10 = ___   18 − 10 = ___
15 − 9 = ___   13 − 9 = ___   11 − 9 = ___   18 − 9 = ___

3 Rechne erst die einfache Aufgabe. Markiere <10> .

13 − 3 = _10_   16 − 6 = ___   11 − 10 = ___   15 − 10 = ___
13 − 4 = ___   16 − 7 = ___   11 − 9 = ___   15 − 9 = ___
13 − 5 = ___   16 − 8 = ___   11 − 8 = ___   15 − 8 = ___

4 14 − ___ = 10   12 − ___ = 10   17 − ___ = 7   15 − ___ = 5
14 − ___ − 9   12 − ___ − 9   17 − ___ = 8   15 − ___ = 6
14 − ___ = 8   12 − ___ = 8   17 − ___ = 9   15 − ___ = 7

1 Einfache Aufgaben ‚mit 10' im Ergebnis zum Lösen der Nachbaraufgaben nutzen.   **2** Einfache Aufgaben ‚mit 10' im Subtrahenden zum Lösen der Nachbaraufgaben nutzen.   **3, 4** Beziehungen zwischen den Aufgaben erkunden und beschreiben.

→ Schulbuch, Seiten 92/93

Schwierige Minusaufgaben

1 Nachbaraufgaben  .

10 − 4 = _6_
11 − 4 = ___

> Erst 10 − 4 und
> dann 1 dazu.

Metin

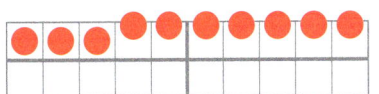

10 − 7 = ___
11 − 7 = ___

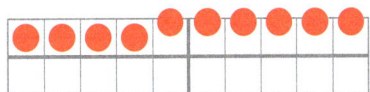

10 − 6 = ___
11 − 6 = ___

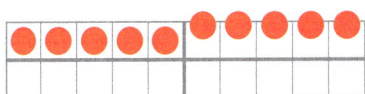

10 − 5 = ___
11 − 5 = ___

2

10 − 2 = ___   10 − 3 = ___   10 − 9 = ___   10 − 8 = ___
11 − 2 = ___   11 − 3 = ___   11 − 9 = ___   11 − 8 = ___

3

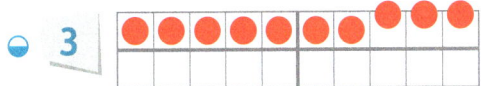

10 − 3 = ___   10 − 5 = ___   10 − 4 = ___
11 − 4 = ___   11 − 6 = ___   11 − 5 = ___

4

10 − 2 = ___   10 − 7 = ___   10 − 6 = ___   10 − 8 = ___
11 − 3 = ___   11 − 8 = ___   11 − 7 = ___   11 − 9 = ___

5 Rechne erst die einfache Aufgabe. Markiere ⬦10⬦ ⬦10⬦ .

16 − 9 = ___   10 − 3 = ___   15 − 5 = ___   11 − 4 = ___
16 − 10 = _6_   11 − 3 = ___   15 − 6 = ___   10 − 4 = ___

14 − 5 = ___   17 − 10 = ___   10 − 6 = ___   15 − 9 = ___
14 − 4 = ___   17 − 9 = ___   11 − 6 = ___   15 − 10 = ___

1–4 Einfache Aufgaben ‚10-' zum Lösen der Nachbaraufgaben nutzen. **5** Beziehungen erkunden, Veränderungen beschreiben und erklären.

→ Schulbuch, Seiten 92/93

61

Rechenwege

1 Rechne geschickt mit der langen Aufgabe.

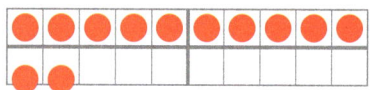

12 − 4

12 − 2 − 2 = _____

Eric

12 − 2 ist eine einfache Aufgabe. Dann rechne ich noch 10 − 2.

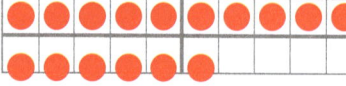

14 − 6

14 − 4 − 2 = _____

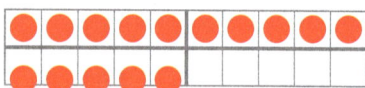

16 − 7

16 − 6 − 1 = _____

15 − 8

15 − 5 − 3 = _____

13 − 5

13 − 3 − ____ = ____

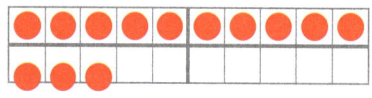

13 − 7

13 − 3 − ____ = ____

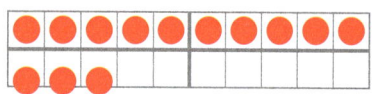

13 − 6

13 − 3 − ____ = ____

2 Rechne geschickt mit der langen Aufgabe.

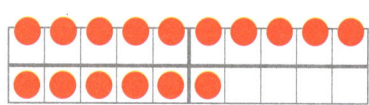

16 − 9

16 − 10 + 1 = _____

Ina

16 − 10 hilft mir.

13 − 9

13 − 10 + ____ = ____

15 − 9

15 − 10 + ____ = ____

17 − 9

17 − 10 + ____ = ____

14 − 9

14 − 10 + ____ = ____

3 Rechne geschickt mit ⟨ 10 ⟩ ⟨ 10 ⟩ ⟨ 5 ⟩ ⟨ halb ⟩ .

12 − 3 = _____   15 − 7 = _____   11 − 4 = _____   15 − 9 = _____

14 − 6 = _____   14 − 9 = _____   14 − 5 = _____   13 − 5 = _____

11 − 3 = _____   16 − 9 = _____   16 − 7 = _____   17 − 8 = _____

1, 2 Lange Aufgaben zum Lösen der schwierigen Aufgaben nutzen.   **3** Abhängig vom Zahlenmaterial Rechenweg geschickt wählen.

→ Schulbuch, Seite 94

Forschen und Finden: Schöne Päckchen

1 Schöne Päckchen. Rechne und setze fort.

6 – 2 = ___	4 – 2 = ___	10 – 2 = ___	5 – 5 = ___
8 – 2 = ___	5 – 3 = ___	10 – 3 = ___	6 – 4 = ___
10 – 2 = ___	6 – 4 = ___	10 – 4 = ___	7 – 3 = ___
12 – 2 = ___	7 – 5 = ___	10 – 5 = ___	8 – 2 = ___

_____ _____ _____ _____

_____ _____ _____ _____

2 Schöne Päckchen. Rechne und setze fort.

4 – 2 = ___	5 – 3 = ___	3 – 1 = ___	13 – 11 = ___
6 – 3 = ___	7 – 4 = ___	5 – 2 = ___	15 – 12 = ___
8 – 4 = ___	9 – 5 = ___	7 – 3 = ___	17 – 13 = ___
10 – 5 = ___	11 – 6 = ___	9 – 4 = ___	19 – 14 = ___

_____ _____ _____ _____

_____ _____ _____ _____

3 Findet schöne Päckchen. Wie kann es weitergehen?

8 – 2 = ___	10 – 4 = ___	20 – 5 = ___	3 – 3 = ___

_____ _____ _____ _____

_____ _____ _____ _____

4 Immer drei Aufgaben. Was fällt dir auf?

16 – 14 = ___	19 – 15 = ___	12 – 11 = ___	15 – 7 = ___
14 – 6 = ___	15 – 9 = ___	11 – 2 = ___	7 – 5 = ___
2 + 8 = ___	4 + 6 = ___	___ + ___ = ___	___ + ___ = ___

1–3 Strukturen in schönen Päckchen erkennen und beim Lösen bzw. Erfinden eigener Päckchen nutzen.
4 Beziehungen zwischen Aufgaben erkennen und anwenden.

→ Schulbuch, Seite 95

63

1 Finde Minusaufgaben am Zwanzigerfeld.

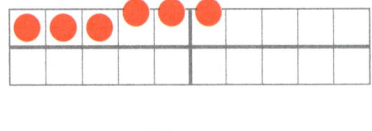 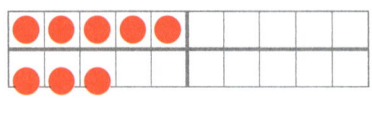 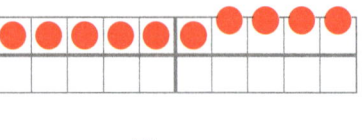

_____ – _____ = _____   _____ – _____ = _____   _____ – _____ = _____

2 Einfach legen – einfach rechnen ⟨ 5 ⟩ ⟨ 10 ⟩ ⟨ 10 ⟩ .

7 – ____ = 5	12 – ____ = 10	13 – 10 = ____	10 – 5 = ____
8 – ____ = 5	17 – ____ = 10	18 – 10 = ____	10 – 7 = ____
9 – ____ = 5	13 – ____ = 10	11 – 10 = ____	10 – 6 = ____

3 Mit Nachbaraufgaben rechnen.

15 – 10 = ____	16 – 10 = ____	18 – 8 = ____	15 – 5 = ____
15 – 9 = ____	16 – 9 = ____	18 – 7 = ____	15 – 6 = ____
13 – 3 = ____	15 – 5 = ____	10 – 6 = ____	12 – 6 = ____
12 – 3 = ____	14 – 5 = ____	11 – 6 = ____	13 – 6 = ____

4 Mit verwandten Aufgaben rechnen.

3 – 2 = ____	8 – 6 = ____	7 – 4 = ____	9 – 3 = ____
13 – 2 = ____	18 – 6 = ____	17 – 4 = ____	19 – 13 = ____

5 Ornamente. Zeichne weiter.

Wesentliche Inhalte des Kapitels noch einmal reflektieren, die eigenen Kompetenzen einschätzen.
→ Schulbuch, Seiten 96/97

Meter und Zentimeter

Mila   Leo   Anton   Lena   Finn   Till   Murat   Eva

1 | Wer ist größer? Kreuze an.

☐   ☐   ☐   ☐   ☐   ☐

2 | Wer ist kleiner als Finn? _____

3 | Miss mit dem Lineal.

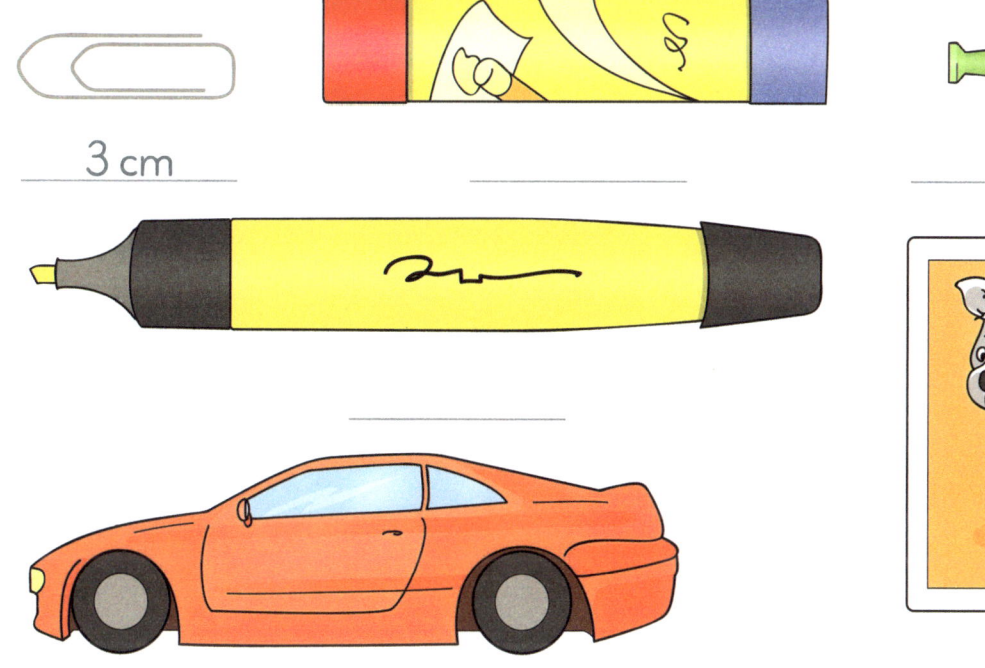

3 cm   _____   _____

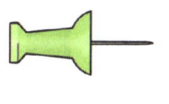

Plus und Minus

1 Finde immer eine Aufgabe und die Umkehraufgabe.

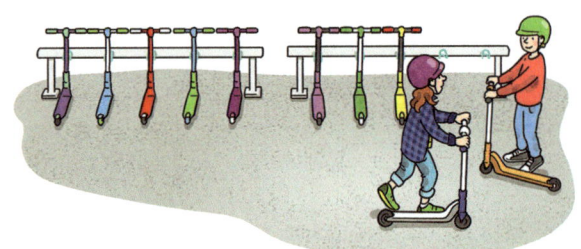  

_____   _____   _____   _____

2 Welche Aufgaben passen zum Bild? Verbinde und rechne.

| 8 – 2 = ____ | 5 + 4 = ____ | 9 – 4 = ____ | 6 + 2 = ____ |

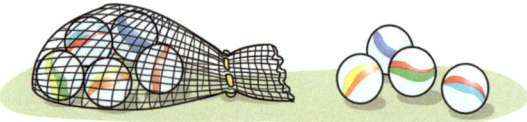 

3 Rechne und zeichne.

4 + 2 = ____   6 – 2 = ____

4

8 + 4 = ____   9 + 5 = ____   7 + 8 = ____   11 + 9 = ____

12 – 4 = ____   14 – 5 = ____   15 – 8 = ____   20 – 9 = ____

9 – 3 – ____   15 – 4 – ____   18 – 6 = ____   14 – 8 = ____

6 + 3 = ____   11 + 4 = ____   12 + 6 = ____   6 + 8 = ____

1 Jeweils eine passende Plus- und Minusaufgabe finden und rechnen.   2 Den Bildern Plus- und Minusaufgaben zuordnen.
3 Eigene Bilder zu den Aufgaben malen.   4 Aufgaben lösen.
→ Schulbuch, Seiten 100/101

Plus und Minus

1 Aufgabe und Umkehraufgabe.

 10 + 2 = 12    10 + ___ = ___    10 + ___ = ___

12 − 2 = ___   ___ − ___ = ___   ___ − ___ = ___

 10 + ___ = ___    10 + ___ = ___    10 + ___ = ___

___ − ___ = ___   ___ − ___ = ___   ___ − ___ = ___

2 Finde die Umkehraufgabe.

4 + 7 = 11   8 + 4 = ___   12 + 5 = ___   14 + 3 = ___

11 − 7 = ___   ___ − ___ = ___   ___ − ___ = ___   ___ − ___ = ___

___ + ___ = ___   ___ + ___ = ___   ___ + ___ = ___   ___ + ___ = ___

10 − 6 = ___   20 − 3 = ___   15 − 4 = ___   12 − 8 = ___

3   9 + 5 − 4 = ___   5 + 5 − 1 = ___   7 + 7 − 4 = ___

10 + 4 − 4 = ___   6 + 6 − 2 = ___   8 + 8 − 6 = ___

10 − 4 + 4 = ___   6 − 2 + 6 = ___   8 − 6 + 8 = ___

4 Was würfelt ? Was würfelt ? Finde Möglichkeiten.

 10 + 3 = 13   [ ] 10 + ___ = ___   [ ] 10 + ___ = ___

 13 − 4 = 9   [ ] ___ − ___ = 9   [ ] ___ − ___ = 9

[ ] 10 + ___ = ___   [ ] 10 + ___ = ___   [ ] 10 + ___ = ___

[ ] ___ − ___ = 11   [ ] ___ − ___ = 11   [ ] ___ − ___ = 11

1 Spielzüge zu ‚Räuber und Goldschatz‘ vervollständigen.   **2** Aufgaben und Umkehraufgaben rechnen bzw. finden.
3 Geschickt rechnen.   **4** Der Goldschatz steht auf der 10, der Plusräuber würfelt, der Minusräuber würfelt, nun steht der
Schatz auf der 9 (11), Wurfmöglichkeiten (es gibt jeweils 5) untersuchen.

→ Schulbuch, Seiten 102/103

Umkehr- und Tauschaufgaben

1 Immer vier Aufgaben.

$5 + 2 =$ ____ $7 - 2 =$ ____

$2 + 5 =$ ____ $7 - 5 =$ ____

$15 +$ ____ $=$ ____ ____ $-$ ____ $=$ ____

____ $+$ ____ $=$ ____ ____ $-$ ____ $=$ ____

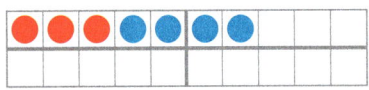

$3 +$ ____ $=$ ____ ____ $-$ ____ $=$ ____

____ $+$ ____ $=$ ____ ____ $-$ ____ $=$ ____

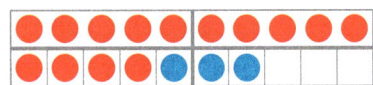

____ $+$ ____ $=$ ____ ____ $-$ ____ $=$ ____

____ $+$ ____ $=$ ____ ____ $-$ ____ $=$ ____

____ $+$ ____ $=$ ____ ____ $-$ ____ $=$ ____

____ $+$ ____ $=$ ____ ____ $-$ ____ $=$ ____

____ $+$ ____ $=$ ____ ____ $-$ ____ $=$ ____

____ $+$ ____ $=$ ____ ____ $-$ ____ $=$ ____

2 Finde die Tauschaufgabe und die Umkehraufgaben.

$3 + 6 =$ ____ $9 - 6 =$ ____ $4 + 5 =$ ____ $9 - 5 =$ ____

$6 + 3 =$ ____ $9 - 3 =$ ____ $5 + 4 =$ ____ $9 - 4 =$ ____

$6 + 4 =$ ____ $10 - 4 =$ ____ $7 + 3 =$ ____ $10 - 3 =$ ____

$4 + 6 =$ ____ $10 - 6 =$ ____ $3 + 7 =$ ____ $10 - 7 =$ ____

$6 + 5 =$ ____ $11 - 5 =$ ____ $7 + 4 =$ ____ $11 -$ ____ $=$ ____

____ $+$ ____ $=$ ____ $11 -$ ____ $=$ ____ ____ $+$ ____ $=$ ____ ____ $-$ ____ $=$ ____

$5 + 7 =$ ____ ____ $-$ ____ $=$ ____ $9 + 3 =$ ____ ____ $-$ ____ $=$ ____

____ $+$ ____ $=$ ____ ____ $-$ ____ $=$ ____ ____ $+$ ____ $=$ ____ ____ $-$ ____ $=$ ____

3

1 Zu einer bildlichen Darstellung im Zwanzigerfeld Tauschaufgaben und Umkehraufgaben finden.
2 Tauschaufgabe und Umkehraufgaben finden und berechnen. **3** Muster fortsetzen.
→ Schulbuch, Seiten 104/105

Legen und Überlegen

1 Immer 12 Tulpen in einem Strauß – rote und gelbe. Zeichne ein.

10 gelbe	3 gelbe	7 gelbe	6 gelbe
___ rote	___ rote	___ rote	___ rote

2 Doppelt so viele gelbe Tulpen wie rote.

Probiere:

___ gelbe Tulpen,

___ rote Tulpen.

3 Wie viele Beine sind es?

4 Es sind 16 Beine.

Wie viele Schweine?

Wie viele Enten?

1, 2 Sachaufgaben mithilfe vorgegebener Zeichnung lösen. **3** Sachaufgaben mithilfe von Zeichnungen oder Rechnungen lösen. **4** Aufgabe probierend lösen. Es gibt verschiedene Lösungen.

→ Schulbuch, Seiten 106/107

69

Ergänzen und Wegnehmen

1 Wie viele fehlen?

5 + ____ = 9   _____   _____

2

2 + ____ = 5   4 + ____ = 6   3 + ____ = 7

12 + ____ = 15   14 + ____ = 16   13 + ____ = 17

3

7 + ____ = 10	8 + ____ = 15	16 + ____ = 19	15 + ____ = 20
9 + ____ = 10	10 + ____ = 15	6 + ____ = 19	5 + ____ = 20
3 + ____ = 10	11 + ____ = 15	13 + ____ = 19	18 + ____ = 20
1 + ____ = 10	13 + ____ = 15	3 + ____ = 9	8 + ____ = 20

4 Welche Aufgabe findest du einfacher? Kreuze an.

12 − 8 = ____   11 − 7 = ____   13 − 3 = ____

8 + ____ = 12   7 + ____ = 11   3 + ____ = 13

8 − 5 = ____   14 − 9 = ____   20 − 18 = ____

5 + ____ = 8   9 + ____ = 14   18 + ____ = 20

15 − 12 = ____   18 − 2 = ____   19 − 16 = ____

12 + ____ = 15   2 + ____ = 18   16 + ____ = 19

1–3 Aufgaben durch Ergänzen lösen. **4** Wegnehmen und Ergänzen bzgl. des Rechenaufwandes vergleichen. Wahl des Ergänzens bei geringer Differenz als Rechenvorteil herausstellen.

→ Schulbuch, Seiten 108/109

1 Immer ein Plättchen mehr. Rechne und vergleiche.

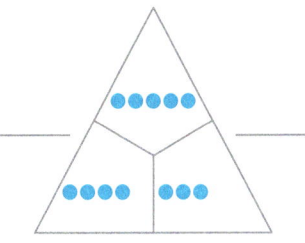 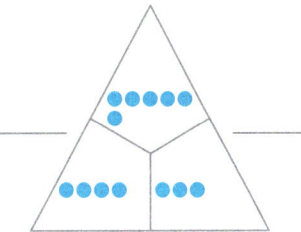 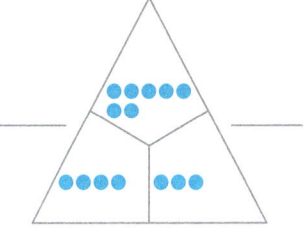

2 Rechne und vergleiche.

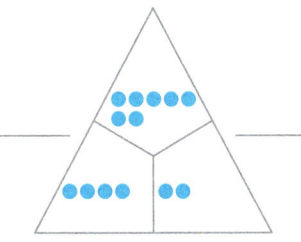 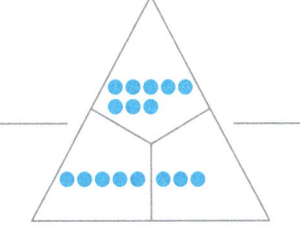 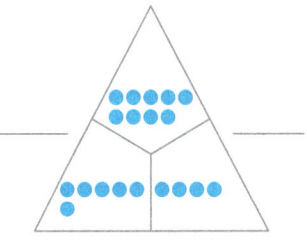

Wie ändern sich die Außenzahlen?

_____

3 Rechne und vergleiche.

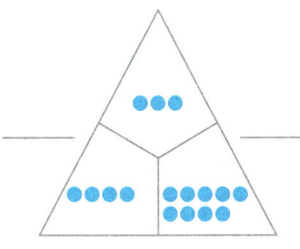 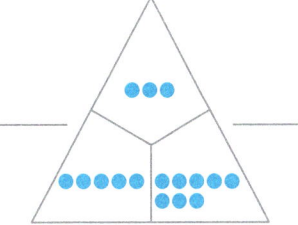 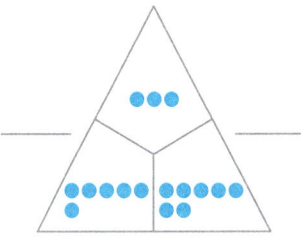

Wie ändern sich die Außenzahlen?

_____

1–3 Rechendreiecke vervollständigen. Benachbarte Dreiecke vergleichen. Operative Veränderungen farbig markieren, erklären und evtl. mit Plättchendarstellungen oder Termen begründen.

→ Schulbuch, Seite 111

71

1 Finde Aufgabe und Umkehraufgabe zum Bild.

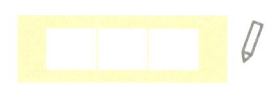

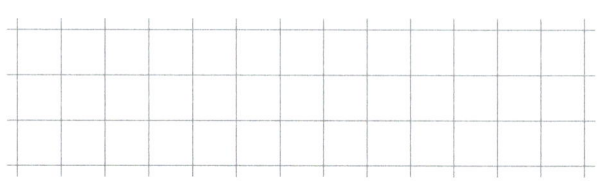

2 Finde und rechne die Umkehraufgabe.

3 + 5 = _8_   6 + 5 = ___   7 + 4 = ___   8 + 9 = ___

___ − ___ = 3   ___ − ___ =   ___ − ___ =   ___ − ___ =

3 Ergänze.

7 + ___ = 10   7 + ___ = 12   18 + ___ = 20   9 + ___ = 16

6 + ___ = 10   6 + ___ = 12   8 + ___ = 20   10 + ___ = 16

5 + ___ = 10   5 + ___ = 12   14 + ___ = 20   11 + ___ = 16

3 + ___ = 10   3 + ___ = 12   4 + ___ = 20   12 + ___ = 17

2 + ___ = 10   2 + ___ = 12   16 + ___ = 20   13 + ___ = 17

 4

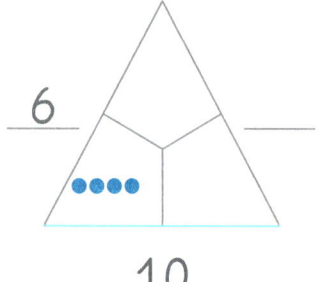

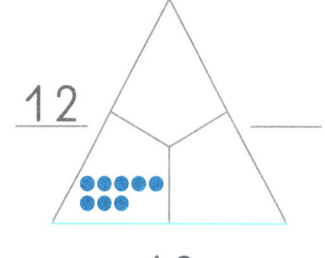

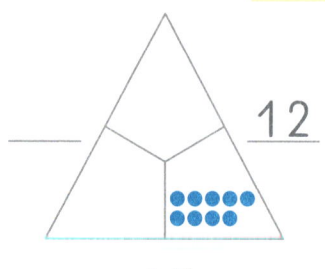

Wesentliche Inhalte des Kapitels noch einmal reflektieren, die eigenen Kompetenzen einschätzen.
→ Schulbuch, Seiten 112/113

Mit Geld rechnen

1 Ich kaufe: Ich bezahle: Ich kaufe: Ich bezahle:

 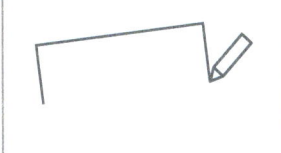

2 Ich kaufe: Ich bezahle: Ich kaufe: Ich bezahle:

3 Ich kaufe: Ich gebe: Ich bekomme zurück:

Ich kaufe: Ich gebe: Ich bekomme zurück:

4 Ich kaufe: Ich gebe: Ich bekomme zurück:

---

1 Preis bestimmen, mit Rechengeld legen und aufzeichnen.   **2** Geldbetrag bestimmen, passende Gegenstände vom Bild auswählen und aufzeichnen.   **3** Aufgaben mit Rechengeld legen und Rückgeld bestimmen.   **4** Gegenstand aus dem Bild auswählen und Rückgeld berechnen.

→ Schulbuch, Seiten 114/115

Mit Geld rechnen

1 Schreibe Preislisten.

Anzahl	Preis
1	2 €
2	4 €
3	
4	
5	

Herz 5 €
Zuckerwatte 2 €
Apfel 3 €
Popcorn 4 €

Anzahl	Preis
1	3 €
2	
3	
4	
5	

Anzahl	Preis
1	
2	
3	
4	
5	

Anzahl	Preis
1	
2	
3	
4	
5	

2 Wie viel Euro kostet es zusammen? Nutze die Preislisten.

9 € + 10 € = _____

_____

_____

_____

1 Preislisten schreiben. **2** Ergebnisse von Nr. 1 zur Lösung nutzen.
→ Schulbuch, Seiten 116/117

Die Einspluseins-Tafel

1 Schwierige Aufgaben mit einfachen Nachbaraufgaben lösen.

mit 10

$6 + 10 =$ ____

$6 + 9 =$ ___

___ $+$ ___ $=$ ___

$9 + 4 =$ ___

___ $+$ ___ $=$ ___

$3 + 9 =$ ___

doppelt

$7 + 7 =$ ____

$8 + 7 =$ ___

___ $+$ ___ $=$ ___

$4 + 5 =$ ___

___ $+$ ___ $=$ ___

$8 + 9 =$ ___

= 10

___ $+$ ___ $=$ ___

$3 + 8 =$ ___

___ $+$ ___ $=$ ___

$2 + 9 =$ ___

___ $+$ ___ $=$ ___

$6 + 5 =$ ___

2 Wege auf der Einspluseins-Tafel. Was fällt dir auf?

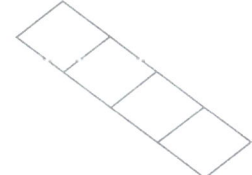

$4 + 2 =$ ___

$5 + 2 =$ ___

$6 + 2 =$ ___

$7 + 2 =$ ___

$4 + 3 =$ ___

$5 + 3 =$ ___

$6 + 3 =$ ___

___ $+$ ___ $=$ ___

$4 + 4 =$ ___

$5 + 4 =$ ___

___ $+$ ___ $=$ ___

___ $+$ ___ $=$ ___

3 Wege auf der Einspluseins-Tafel. Was fällt dir auf?

$8 + 2 =$ ___

$8 + 3 =$ ___

$8 + 4 =$ ___

$8 + 5 =$ ___

$9 + 2 =$ ___

$9 + 3 =$ ___

$9 + 4 =$ ___

___ $+$ ___ $=$ ___

$10 + 2 =$ ___

$10 + 3 =$ ___

___ $+$ ___ $=$ ___

___ $+$ ___ $=$ ___

4 Rechne die Nachbaraufgaben. Nutze die Einspluseins-Tafel.

$5 +$ ___ $= 7$

5 + 3 = 8

$5 +$ ___ $= 9$

$4 +$ ___ $= 7$

5 + 3 = 8

$6 +$ ___ $= 9$

1–3 Aufgaben rechnen und Ergebnisse vergleichen. 4 Nachbaraufgaben zu einer vorgegebenen Aufgabe finden.

→ Schulbuch, Seiten 118/119

75

Die Einspluseins-Tafel

1 Immer vier Aufgaben auf der Einspluseins-Tafel. Rechne.

7 + 6 = ___	9 + 6 = ___	9 + 4 = ___
8 + 6 = ___	10 + 6 = ___	10 + 4 = ___
7 + 7 = ___	9 + 7 = ___	___ + ___ = ___
8 + 7 = ___	___ + ___ = ___	___ + ___ = ___

2 Wege auf der Einspluseins-Tafel. Rechne.

5 + 2 = ___	6 + 3 = ___	7 + 4 = ___	8 + 5 = ___
4 + 3 = ___	5 + 4 = ___	6 + 5 = ___	7 + 6 = ___
3 + 4 = ___	4 + 5 = ___	5 + ___ = ___	___ + ___ = ___
___ + ___ = ___	___ + ___ = ___	___ + ___ = ___	___ + ___ = ___

3 Wege auf der Einspluseins-Tafel. Rechne und vergleiche.

5 + 3 = ___	6 + 4 = ___	7 + 5 = ___	8 + 6 = ___
4 + 4 = ___	5 + 5 = ___	6 + 6 = ___	7 + 7 = ___
3 + 5 = ___	4 + 6 = ___	___ + ___ = ___	___ + ___ = ___
___ + ___ = ___	___ + ___ = ___	___ + ___ = ___	___ + ___ = ___

Was fällt dir auf? _____

4 Wege auf der Einspluseins-Tafel. Rechne und vergleiche.

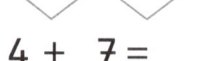

4 + 7 = ___	2 + 3 = ___	1 + 6 = ___	4 + 2 = ___
5 + 8 = ___	3 + 4 = ___	2 + 7 = ___	___ + ___ = ___
6 + 9 = ___	___ + ___ = ___	___ + ___ = ___	___ + ___ = ___
7 + 10 = ___	___ + ___ = ___	___ + ___ = ___	___ + ___ = ___

Was fällt dir auf? _____

1–2 Aufgaben in der Einspluseins-Tafel zeigen und lösen.   3–4 Aufgaben vergleichen, entdeckte Muster fortsetzen.
→ Schulbuch, Seiten 118/119

Gleichungen und Ungleichungen

1 Vergleiche. < oder > oder =?

3 + 3 $>$ 5	3 + 5 ◯ 10	7 + 7 ◯ 15	10 + 11 ◯ 20
3 + 2 ◯ 5	5 + 5 ◯ 10	7 + 8 ◯ 15	10 + 10 ◯ 20
2 + 2 ◯ 5	4 + 5 ◯ 10	8 + 8 ◯ 15	9 + 10 ◯ 20

8 ◯ 4 + 5	14 ◯ 4 + 7	10 ◯ 5 + 2	2 + 4 ◯ 2 + 0
8 ◯ 3 + 5	14 ◯ 4 + 8	10 ◯ 6 + 3	3 + 5 ◯ 4 + 2
8 ◯ 2 + 5	14 ◯ 4 + 9	10 ◯ 7 + 4	4 + 6 ◯ 6 + 4

2

18 − 10 ◯ 10	13 − 10 ◯ 5	17 − 3 ◯ 10	11 − 6 ◯ 5
16 − 10 ◯ 10	15 − 10 ◯ 5	17 − 5 ◯ 10	11 − 7 ◯ 5
14 − 10 ◯ 10	17 − 10 ◯ 5	17 − 7 ◯ 10	11 − 8 ◯ 5

8 ◯ 10 − 5	5 ◯ 12 − 3	9 ◯ 16 − 6	17 − 9 ◯ 17 − 10
8 ◯ 10 − 3	5 ◯ 12 − 6	10 ◯ 16 − 6	17 − 9 ◯ 18 − 9
8 ◯ 10 − 1	5 ◯ 12 − 9	11 ◯ 16 − 6	17 − 9 ◯ 18 − 10

3 Welche Zahlen passen? Probiere. | 0 | 1 | 2 | 3 | 4 | 5 | 6 | 7 | 8 | 9 |

3 + ▦ < 10	3 + ▦ = 10	3 + ▦ > 10
_____	_____	_____
11 + ▦ < 15	11 + ▦ = 15	11 + ▦ > 15
_____	_____	_____
13 − ▦ < 10	13 − ▦ = 10	13 − ▦ > 10
_____	_____	_____
17 − ▦ < 15	17 − ▦ = 15	17 − ▦ > 15
_____	_____	_____

1, 2 Zahlen mit den Termen vergleichen. Relationszeichen (<, > oder =) passend einsetzen – ggf. an der Einspluseins-Tafel zeigen und Aufgaben vergleichen. **3** Mehrere Lösungen finden und notieren.

→ Schulbuch, Seiten 120/121

77

Gerade und ungerade Zahlen

1 Halbiere.

$$4 = \underline{2} + \underline{\hspace{1.5cm}}$$

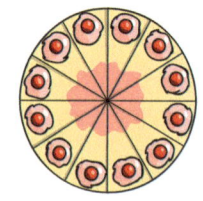

$$12 = \underline{\hspace{1cm}} + \underline{\hspace{1.5cm}}$$

$$18 = \underline{\hspace{1cm}} + \underline{\hspace{1.5cm}}$$

$$10\,\text{€} = \underline{\hspace{1.5cm}} + \underline{\hspace{1.5cm}}$$

$$\underline{\hspace{1cm}} = \underline{\hspace{1cm}} + \underline{\hspace{1.5cm}}$$

$$\underline{\hspace{1cm}} = \underline{\hspace{1cm}} + \underline{\hspace{1.5cm}}$$

2 Halbiere und vergleiche.

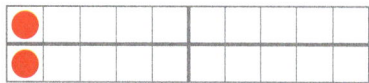

$$2 = \underline{\hspace{1cm}} + \underline{\hspace{1.5cm}}$$

$$4 = \underline{\hspace{1cm}} + \underline{\hspace{1.5cm}}$$

$$6 = \underline{\hspace{1cm}} + \underline{\hspace{1.5cm}}$$

$$12 = \underline{\hspace{1cm}} + \underline{\hspace{1.5cm}}$$

$$14 = \underline{\hspace{1cm}} + \underline{\hspace{1.5cm}}$$

$$16 = \underline{\hspace{1cm}} + \underline{\hspace{1.5cm}}$$

3 Rechne.

Ist das Ergebnis gerade (g) oder ungerade (u)?

2 gerade Zahlen	2 ungerade Zahlen	1 gerade und 1 ungerade Zahl
$10 - 6 = \underline{4}$ [g]	$9 - 3 = \underline{\hspace{1cm}}$ [ ]	$10 - 3 = \underline{\hspace{1cm}}$ [ ]
$8 - 2 = \underline{\hspace{1cm}}$ [ ]	$7 - 5 = \underline{\hspace{1cm}}$ [ ]	$11 - 2 = \underline{\hspace{1cm}}$ [ ]
$12 - 4 = \underline{\hspace{1cm}}$ [ ]	$11 - 5 = \underline{\hspace{1cm}}$ [ ]	$8 - 5 = \underline{\hspace{1cm}}$ [ ]
$\underline{\hspace{1cm}} - \underline{\hspace{1cm}} = \underline{\hspace{1cm}}$ [ ]	$\underline{\hspace{1cm}} - \underline{\hspace{1cm}} = \underline{\hspace{1cm}}$ [ ]	$\underline{\hspace{1cm}} - \underline{\hspace{1cm}} = \underline{\hspace{1cm}}$ [ ]
$\underline{\hspace{1cm}} - \underline{\hspace{1cm}} = \underline{\hspace{1cm}}$ [ ]	$\underline{\hspace{1cm}} - \underline{\hspace{1cm}} = \underline{\hspace{1cm}}$ [ ]	$\underline{\hspace{1cm}} - \underline{\hspace{1cm}} = \underline{\hspace{1cm}}$ [ ]

1, 2 Zahlen halbieren **2** Analogien erkennen **3** Rechenregeln für die Subtraktion von geraden und ungeraden Zahlen erkunden.

→ Schulbuch, Seiten 122/123

Zahlenmauern

1 Berechne die Zahlenmauern.

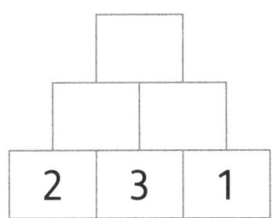 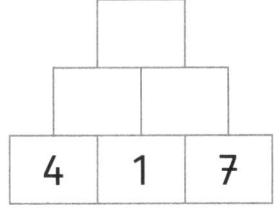 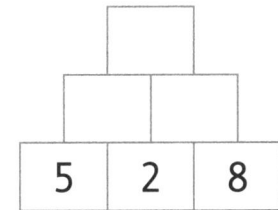 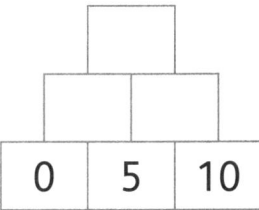

2	3	1
4	1	7
5	2	8
0	5	10

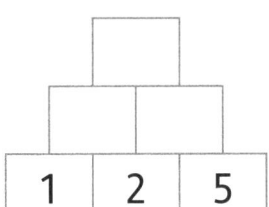 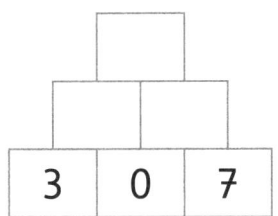 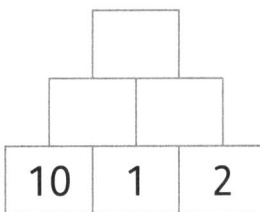 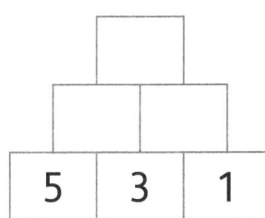

1	2	5
3	0	7
10	1	2
5	3	1

2 Schöne Zahlenmauern. Rechne und setze fort.

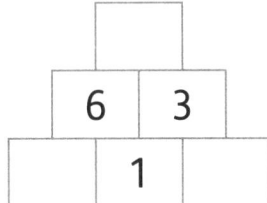 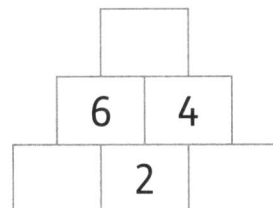 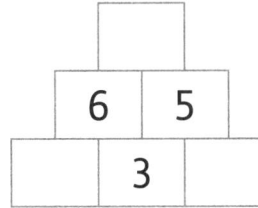 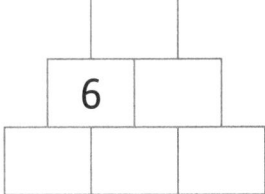

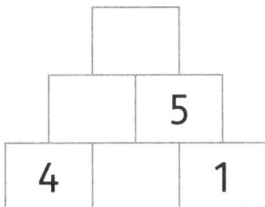 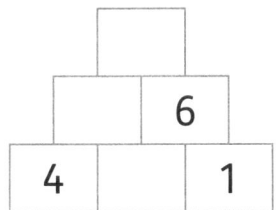 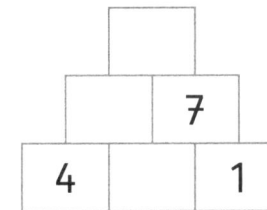 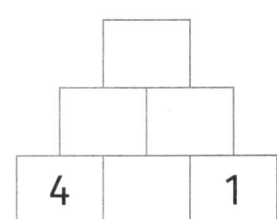

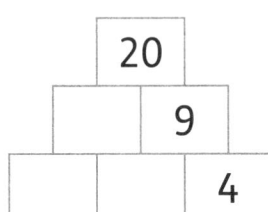 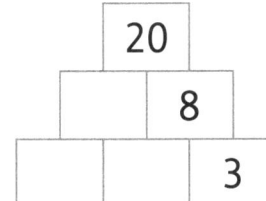 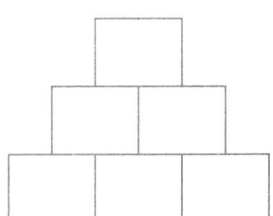

3 Finde Zahlenmauern.

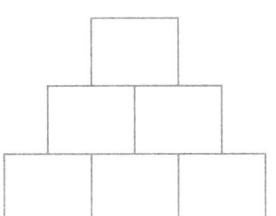 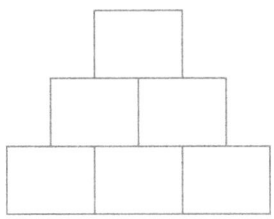 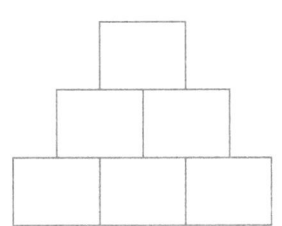 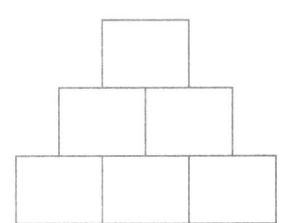

1–2 Fehlende Zahlen ergänzen.   **2** Muster erkennen und fortsetzen.   **3** Verschiedene Zahlenmauern finden.
→ Schulbuch, Seite 126

79

1 Die Grundsteine verändern sich. Rechne und vergleiche.

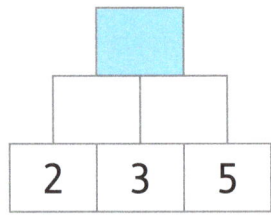 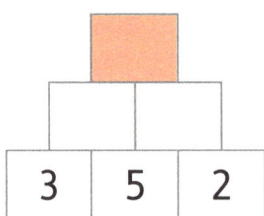 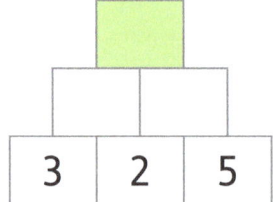

2	3	5

3	5	2

3	2	5

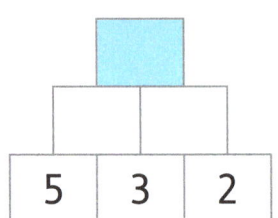 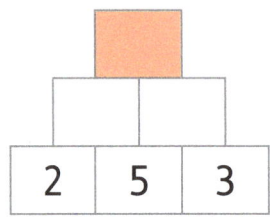 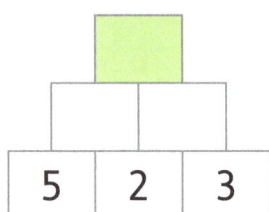

5	3	2

2	5	3

5	2	3

Was fällt dir auf?

_____

_____

2 Rechne und vergleiche.

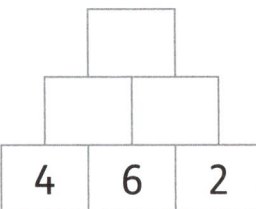 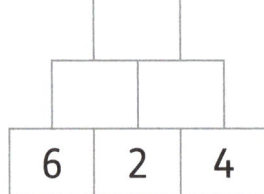 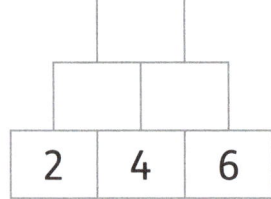

4	6	2

6	2	4

2	4	6

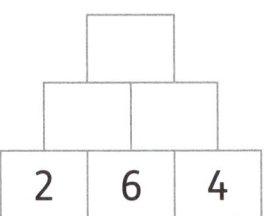 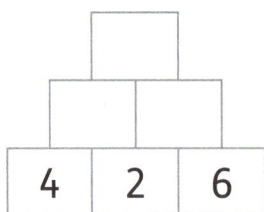 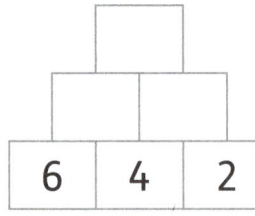

2	6	4

4	2	6

6	4	2

Färbe gleiche Decksteine.

3 Finde verschiedene Grundsteine.

14

7	7

14

7	7

14

7	7

14

7	7

1, 2 Zahlenmauern mit drei gleichen Grundsteinen berechnen und erkunden: Immer zwei Mauern haben gleiche Decksteine.
3 Verschiedene Grundsteine finden.

→ Schulbuch, Seite 127

1 Rechne geschickt mit der einfachen Nachbaraufgabe.

7 + 9 = ___	10 + 9 = ___	6 + 9 = ___	8 + 7 = ___
7 + 10 = ___	9 + 9 = ___	6 + 10 = ___	7 + 7 = ___

2 < oder > oder =?

7 + 7 ◯ 14	6 + 5 ◯ 12	8 + 9 ◯ 16	9 + 10 ◯ 18
7 + 6 ◯ 14	6 + 6 ◯ 12	7 + 8 ◯ 16	9 + 9 ◯ 18
6 + 8 ◯ 14	5 + 7 ◯ 12	8 + 8 ◯ 16	8 + 9 ◯ 18

3 < oder > oder =?

7 − 2 ◯ 5	20 − 1 ◯ 10	15 − 4 ◯ 20
7 − 7 ◯ 5	20 − 5 ◯ 10 + 5	15 − 4 ◯ 20 − 4
17 − 7 ◯ 5	20 − 4 ◯ 10 + 6	15 − 14 ◯ 5 − 4

4 Halbiere.

18 = ___ + ___   14 = ___ + ___   10 = ___ + ___

5 Schöne Zahlenmauern. Rechne und setze fort.

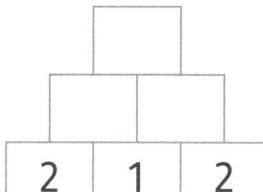
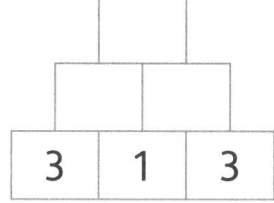
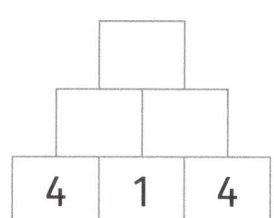
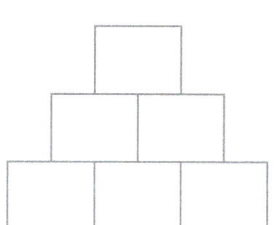

Wesentliche Inhalte des Kapitels noch einmal reflektieren, die eigenen Kompetenzen einschätzen.

→ Schulbuch, Seite 128

81

Sitzpläne

1 Zeichne den Plan.

_____ _____		_____ _____	
_____ _____		_____ _____	

2 Ich bin Murat.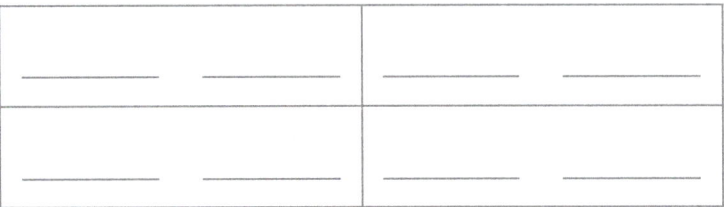

Rechts neben mir sitzt _____ .

Links neben mir sitzt _____ .

Mir gegenüber sitzt _____ .

3 Wer sitzt wo?

Links neben Till sitzt _____ .

Rechts neben Anna sitzt _____ .

4 Links neben _____ sitzt _____ .

Rechts neben _____ sitzt _____ .

_____ sitzt zwischen _____ und _____ .

Gegenüber von _____ sitzt _____ .

1 Plan zeichnen. **2–4** Im Plan orientieren. Weitere Übungen auf KV.
→ Schulbuch, Seiten 130/131

Straßenpläne: Eckenhausen

Schreibe mit Pfeilen.

○ 1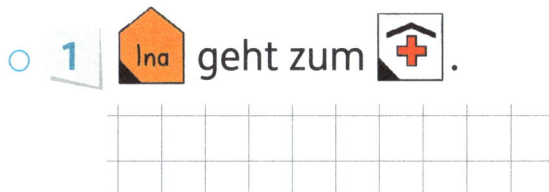

○ 2

● 3

Wie kann er noch gehen?

● 4

Wie kann sie noch gehen?

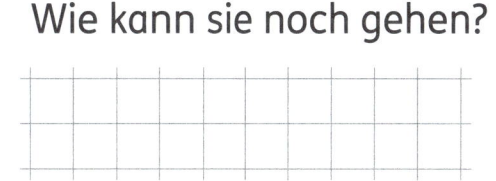

1, 2 Wege in Eckenhausen mithilfe von Pfeilen darstellen.   3, 4 Pfeildarstellungen einem Weg zuordnen.

→ Schulbuch, Seiten 132/133

83

Rechengeschichten

1 Ordne die Aufgaben den Bildern zu und rechne.

| 6 + 1 | 4 + 4 | 14 – 1 | 5 – 2 | 9 – 1 | 4 mal 2 |

6 + 1 =

2 Finde eine passende Frage und beantworte sie.

Der Verkäufer hat 20 Luftballons.

Ein Luftballon kostet 2 €. Marta kauft 3 Luftballons.

Frage:

Antwort:

3 Finde Aufgaben.

4 + 4 + 2 = 10   leere Gläser

1 Jede Aufgabe einem Bildausschnitt zuordnen. **2** Zu der Rechengeschichte eine passende Frage finden und lösen.
3 Aufgaben zum Bild finden und aufschreiben.
→ Schulbuch, Seiten 134–137

Tageszeiten

1 Wie spät ist es?

_____ Uhr

_____ Uhr

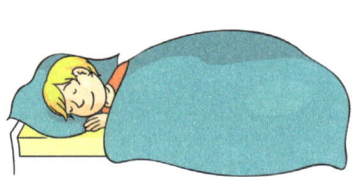 

_____ Uhr

_____ Uhr

_____ Uhr

_____ Uhr

2 Wie spät ist es?

_____ Uhr   _____ Uhr   _____ Uhr   _____ Uhr

_____ Uhr   _____ Uhr   _____ Uhr   _____ Uhr

3

| 3 Uhr | 12 Uhr | 2 Uhr | _____ Uhr | _____ Uhr |
| _____ Uhr | _____ Uhr | _____ Uhr | 16 Uhr | 23 Uhr |

1 Uhrzeiten passend zum Tagesverlauf eintragen. **2, 3** Zwei Uhrzeiten finden.

→ Schulbuch, Seiten 138/139

85

○ **1** Trage die Uhrzeiten ein.

5 Uhr	12 Uhr	15 Uhr	20 Uhr

○ **2**

Zirkus Gala
Beginn: 15.00 Uhr
Ende: 18.00 Uhr

Die Vorstellung dauert ____ Stunden.

◕ **3** Wie lange dauert es?

____ Uhr   ____ Stunden   ____ Uhr

____ Uhr   ____ Stunde   ____ Uhr

◕ **4**

 Tills Mutter sagt: „Sei in einer Stunde zurück."

Dann ist es ____ Uhr.

 Annas Mutter sagt: „In vier Stunden hole ich dich ab."

Dann ist es ____ Uhr.

1 Uhrzeiten eintragen. **2–4** Sachaufgaben lösen.
→ Schulbuch, Seiten 138/139

Bald ist Weihnachten

1 3. Advent. Wie kannst du die Kerzen nacheinander anzünden?

2 Wie viele Sterne hat Lena mehr als Marta?

Marta:

Lena:    Lena hat ____ Sterne mehr.

3 Wie viele Sterne hat Kim weniger als Till?

Till:

Kim:    Kim hat ____ Sterne weniger.

4 Esra bastelt doppelt so viele Kugeln wie Metin.

Wie viele Kugeln bastelt Esra?

Metin:

Esra:

Esra bastelt ____ Kugeln.

5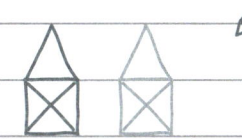

1 Alle Möglichkeiten finden.   2–4 Sachaufgaben lösen, dabei Skizze nutzen.   5 Nikolaushäuser nachzeichnen.

→ Schulbuch, Seiten 140/141

87

Grundfertigkeiten im Zwanzigerraum

1 Wie viele?

  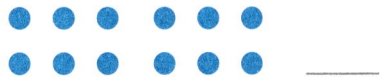

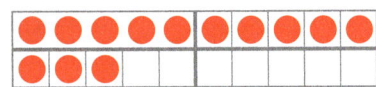 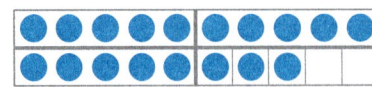 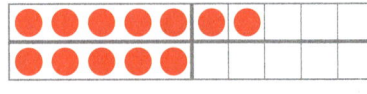

_____ _____ _____

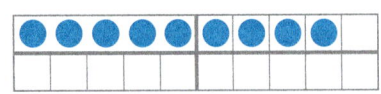 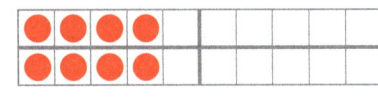 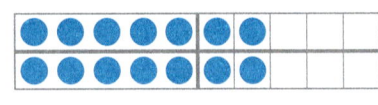

_____ _____ _____

2 Zahlen zeichnen

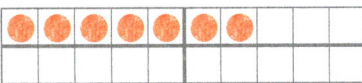  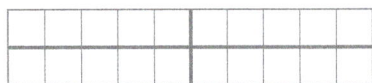

7   11   16

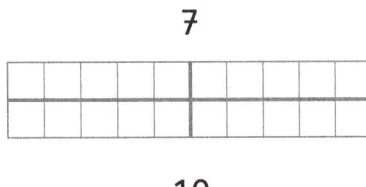 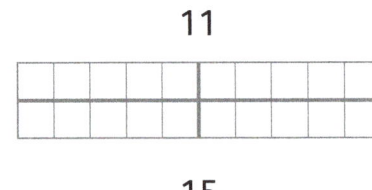 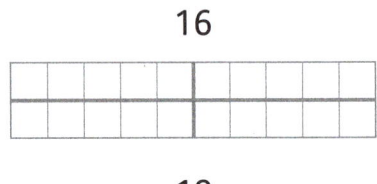

10   15   19

3 Zwanzigerreihe

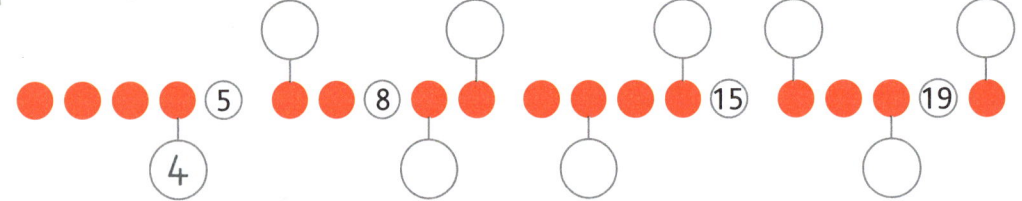

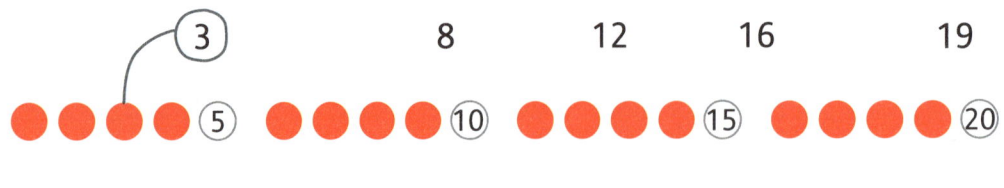
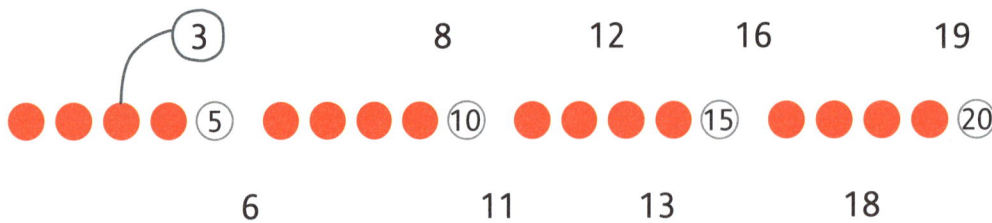

4 Zählen vorwärts: __1__ , __2__ , _____ , _____ , _____ , _____ , _____ , _____ , _____ ,

__11__ , _____ , _____ , _____ , _____ , _____ , _____ , _____ , _____ ,

Zählen rückwärts: __20__ , __19__ , _____ , _____ , _____ , _____ , _____ , _____ , _____ ,

__10__ , _____ , _____ , _____ , _____ , _____ , _____ , _____ , _____

Grundwissen am Ende des 1. Schuljahres. Die Aufgaben sollten selbstständig gelöst werden (Lernstandskontrolle).

○ **5** Nachbarzahlen

| 8 | 9 | ☐ | | ☐ | 13 | ☐ | | ☐ | 10 | ☐ | | ☐ | 14 | ☐ |

| ☐ | ☐ | 7 | | ☐ | ☐ | 17 | | ☐ | ☐ | 12 | | ☐ | ☐ | 20 |

○ **6** Immer 5   Immer 10

●●●●●   ●●●●● ●●●●●

___4 + 1___   _____   ___1 + 9___   _____   _____

_____   _____   _____   _____   _____

_____   _____   _____   _____   _____

                               _____   _____

○ **7** ●●●●⑤ ●●●●⑩ ●●●●⑮ ●●●●⑳

6 = 5 + ____   8 = 5 + ____   14 = 10 + ____   7 = 5 + ____

6 = 10 − ____   8 = 10 − ____   14 = 15 − ____   7 = 10 − ____

16 = 15 + ____   18 = 15 + ____   19 = 15 + ____   17 = 15 + ____

16 = 20 − ____   18 = 20 − ____   19 = 20 − ____   17 = 20 − ____

○ **8** In Schritten zählen

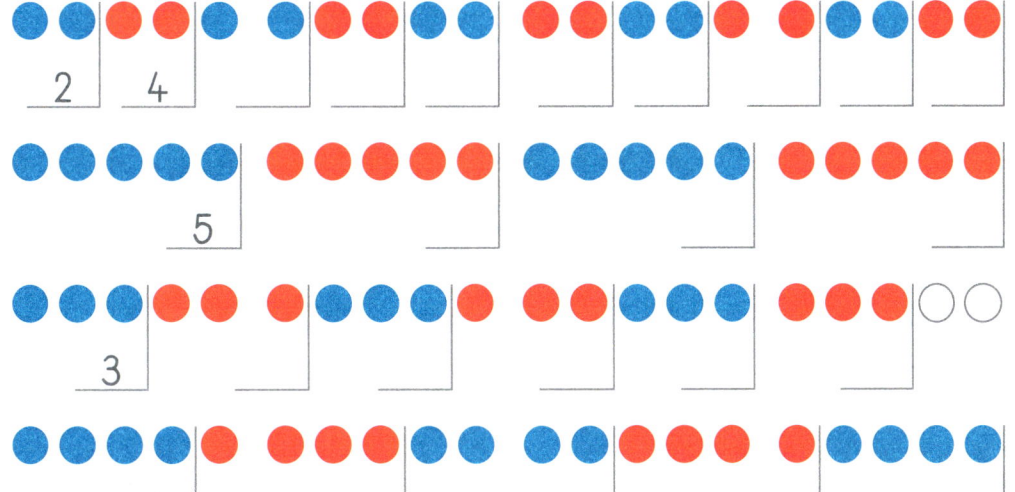

2   4   __   __   __   __

5   __   __

3   __   __   __   __

4   __   __   __

Grundwissen am Ende des 1. Schuljahres. Die Aufgaben sollten selbstständig gelöst werden (Lernstandskontrolle).

89

1 Plusaufgaben im Zwanzigerfeld

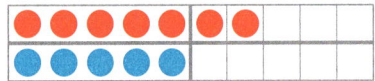

$7 + 5 = 12$ _____ _____

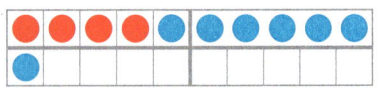

_____ _____ _____

2 Einfache Plusaufgaben

$2 + 1 =$ ____	$7 + \ 1 =$ ____	$10 + \ 3 =$ ____	$9 + 2 =$ ____
$3 + 2 =$ ____	$17 + \ 1 =$ ____	$9 + 10 =$ ____	$5 + 4 =$ ____
$4 + 2 =$ ____	$1 + 18 =$ ____	$10 + \ 7 =$ ____	$15 + 5 =$ ____
$4 + 1 =$ ____	$15 + \ 2 =$ ____	$9 + \ 0 =$ ____	$2 + 5 =$ ____
$5 + 5 =$ ____	$12 + \ 3 =$ ____	$10 + 10 =$ ____	$7 + 3 =$ ____

3 Verdoppeln

$0 + 0 =$ ____	$5 + 5 =$ ____	$10 + 10 =$ ____	
$1 + 1 =$ ____	$6 + 6 =$ ____	$2 + \ 2 =$ ____	$7 + 7 =$ ____
$3 + 3 =$ ____	$8 + 8 =$ ____	$4 + \ 4 =$ ____	$9 + 9 =$ ____

4 Von einfachen zu schwierigen Plusaufgaben

$8 + 2 =$ ____	$5 + 4 =$ ____	$7 + 7 =$ ____	$5 + 10 =$ ____
$8 + 3 =$ ____	$5 + 5 =$ ____	$7 + 6 =$ ____	$5 + \ 9 =$ ____
$8 + 4 =$ ____	$5 + 6 =$ ____	$8 + 6 =$ ____	$5 + 11 =$ ____
$8 + 5 =$ ____	$5 + 7 =$ ____	$9 + 6 =$ ____	$5 + 12 =$ ____
$8 + 6 =$ ____	$5 + 8 =$ ____	$9 + 7 =$ ____	$5 + 15 =$ ____

5 Ergänzen bis 10 und 20

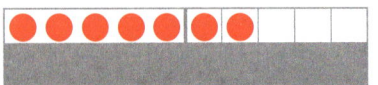

$7 + $ ____ $= 10$

$8 + $ ____ $= 10$ $6 + $ ____ $= 10$

$18 + $ ____ $= 20$ $16 + $ ____ $= 20$

$17 + $ ____ $= 20$

$5 + $ ____ $= 10$ $4 + $ ____ $= 10$

$15 + $ ____ $= 20$ $14 + $ ____ $= 20$

Grundwissen am Ende des 1. Schuljahres. Die Aufgaben sollten selbstständig gelöst werden (Lernstandskontrolle).

○ **6** Minusaufgaben am Zwanzigerfeld

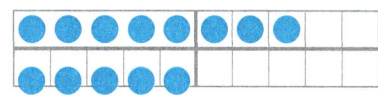
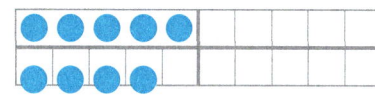
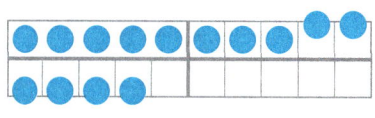

13 − 5 = ___   9 − 4 = ___   14 − 6 = ___

○ **7** Einfache Minusaufgaben

4 − 2 = ___	10 − 1 = ___	17 − 10 = ___	12 − 0 = ___
3 − 1 = ___	17 − 1 = ___	17 − 7 = ___	9 − 2 = ___
5 − 3 = ___	7 − 1 = ___	11 − 10 = ___	13 − 3 = ___
6 − 4 = ___	11 − 2 = ___	16 − 5 = ___	18 − 3 = ___

○ **8** Von einfachen zu schwierigen Minusaufgaben

9 − 1 = ___	17 − 10 = ___	11 − 1 = ___	16 − 8 = ___
9 − 2 = ___	17 − 9 = ___	11 − 2 = ___	16 − 7 = ___
9 − 4 = ___	17 − 8 = ___	11 − 3 = ___	16 − 9 = ___
9 − 9 = ___	17 − 7 = ___	11 − 5 = ___	16 − 10 = ___

○ **9** Halbieren

10 = ___ + ___	20 = ___ + ___	14 = ___ + ___	16 = ___ + ___
12 = ___ + ___	18 = ___ + ___	4 = ___ + ___	6 = ___ + ___

○ **10** Aufgabe und Umkehraufgabe

7 + 6 = 13   8 + 9 = ___   4 + 5 = ___   8 + 4 = ___
13 − 6 = ___   ___   ___   ___

13 − 4 = 9   11 − 2 = ___   17 − 8 = ___   11 − 9 = ___
9 + 4 = ___   ___   ___   ___

○ **11** Plusaufgaben mit gleichen Zahlen

2 + 2 + 2 = ___	3 + 3 + 3 = ___	4 + 4 + 4 = ___
5 + 5 + 5 = ___	6 + 6 + 6 = ___	5 + 5 + 5 + 5 = ___
3 + 3 + 3 + 3 = ___	4 + 4 + 4 + 4 = ___	1 + 1 + 1 + 1 + 1 = ___

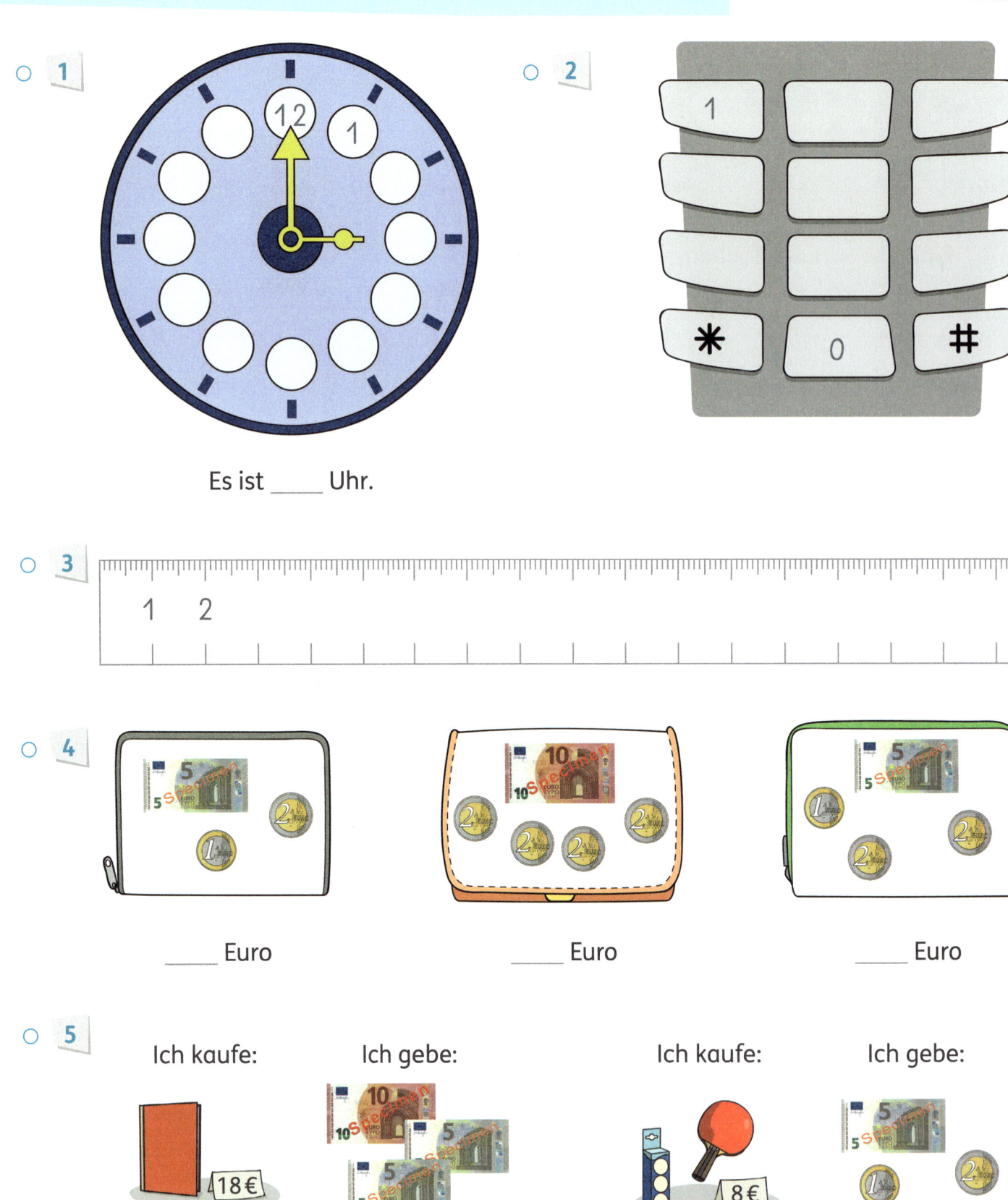

1

Es ist _____ Uhr.

2

3

1   2

4

_____ Euro   _____ Euro   _____ Euro

5

Ich kaufe: Ich gebe: Ich kaufe: Ich gebe:

Ich bekomme _____ Euro zurück.   Ich bekomme _____ Euro zurück.

Grundwissen am Ende des 1. Schuljahres. Die Aufgaben sollten selbstständig gelöst werden (Lernstandskontrolle).
1–3 Zahlen in der Umwelt. **4, 5** Geld.

6 Ben hat __5__ Spielzeugautos.

Seine Tante schenkt ihm 2 Autos.

$5 + 2 = $ _____

Ben hat jetzt _____ Autos.

7 Metin hat _____ Murmeln.

Er findet noch 2 Murmeln.

_____

Metin hat jetzt _____ Murmeln.

8 Am Teich sitzen _____ Frösche.

2 Frösche hüpfen weg.

_____

_____ Frösche bleiben sitzen.

9 Auf dem Tisch liegen _____ Äpfel.

Noah isst 1 Apfel. Sophie isst 2 Äpfel.

_____

_____ Äpfel bleiben übrig.

10 Auf dem Ast sitzen _____ Vögel.

Erst kommen 2 Vögel dazu,
dann fliegen 3 Vögel weg.

_____

Auf dem Ast sind jetzt _____ Vögel.

11 Die Torte hat 12 Stücke.

Oma, Opa, Mama, Papa, Eva und Jan
essen je 1 Stück.

_____

_____ Tortenstücke bleiben übrig.

✳ 12 Erfinde eine Rechengeschichte.

Grundwissen am Ende des 1. Schuljahres. Die Aufgaben sollten selbstständig gelöst werden (Lernstandskontrolle).
6–11 Einfache Textaufgaben.

93

Wie viele?

Anzahl legen und nennen.

1. Prüfung am:

_____

2. Prüfung am:

_____

Kraft der Fünf

Vorderseite einer Wendekarte zeigen, Anzahl der Fünfer und Einer nennen.

1. Prüfung am:

_____

2. Prüfung am:

_____

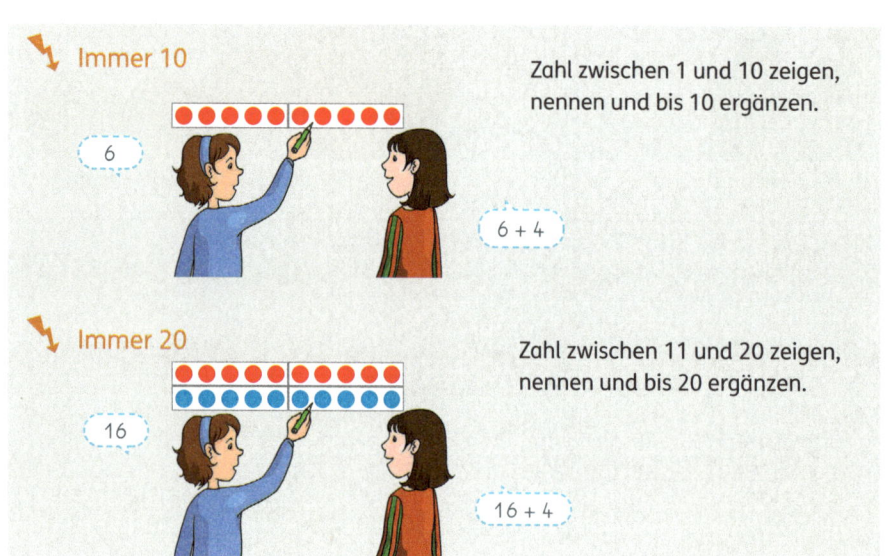

Immer 10

Zahl zwischen 1 und 10 zeigen, nennen und bis 10 ergänzen.

Immer 20

Zahl zwischen 11 und 20 zeigen, nennen und bis 20 ergänzen.

1. Prüfung am:

_____

2. Prüfung am:

_____

Zerlegen

Reihen zerlegen und Plusaufgabe nennen.

1. Prüfung am:

_____

2. Prüfung am:

_____

Zahlenreihe

Zahlen zeigen und nennen.

1. Prüfung am:

_____

2. Prüfung am:

_____

_____ hat am _____ die Schlussprüfung im Blitzrechnen 1 abgelegt.

Verdoppeln

6 + 6 = 12

6

Rote Zahl nennen und verdoppeln.

Bei 6 +6 sehe ich Doppelfünf.

6 +6 sind 10 + 2.

1. Prüfung am:

_____

2. Prüfung am:

_____

Plusaufgaben

4 + 3 = 7
3 + 4 = 7

Plusaufgaben legen, nennen und rechnen.

1 mehr als 3 + 3.

1 weniger als 4 + 4.

5 + 3 hilft mir.

1. Prüfung am:

_____

2. Prüfung am:

_____

Minusaufgaben

14 – 3 = 11

Minusaufgaben legen, nennen und rechnen.

1 mehr als 14 – 4.

1 mehr als 13 – 3.

4 – 3 = 1
14 – 3 = 11

1. Prüfung am:

_____

2. Prüfung am:

_____

Halbieren

8

4

Zahl zeigen, nennen und halbieren.

8 – 4 = 4

8 = 4 + 4

Das Doppelte von 4 ist 8.

Die Hälfte von 8 ist 4.

1. Prüfung am:

_____

2. Prüfung am:

_____

Zählen in Schritten

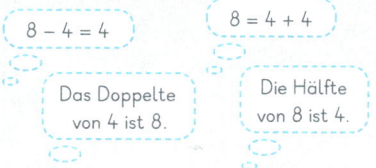

Immer 4 weiter.

4, 8, 12, 16, 20

Schritte vorgeben und in Schritten zählen.

Immer   4   8   12   16   20
+ 4

1. Prüfung am:

_____

2. Prüfung am:

_____

Mini-Einmaleins

3 mal 3

9

3 + 3 + 3

3, 6, 9

Aufgaben zeigen, nennen und Ergebnis nennen.

Wie viele?

Auf dem Tisch wird eine kleine Anzahl (bis zu 10) Plättchen gelegt, das Kind hält die Augen dabei geschlossen. Dann öffnet es die Augen und bestimmt die Anzahl, möglichst ohne zu zählen. Die Anordnung der Plättchen in Mustern (z. B. Würfel-Fünf) ist hilfreich.

Kraft der Fünf

Grundlage sind die Wendekarten von 0 bis 20. Das erste Kind wählt eine Zahl auf der Zahlenseite. Das zweite Kind beschreibt die zugehörige Fünferzerlegung auf der Rückseite. Beispiele: 1 Fünfer plus 1 Einer (kurz: 5 + 1), 1 Fünfer plus 2 Einer (5 + 2), ..., 2 Fünfer (5 + 5), 2 Fünfer plus 1 Einer (5 + 5 + 1), ..., 3 Fünfer (5 + 5 + 5), ... Vorwiegend sollte die Zerlegung der Zahlen von 6 bis 14 eingeübt werden.

Immer 10/Immer 20

a) Grundlage für diese Übung ist das Zwanzigerfeld, bei dem die erste Reihe mit roten, die zweite mit blauen Plättchen gefüllt ist. Bei der Übung „Immer 10" bleibt die zweite Reihe abgedeckt. Mit einem Stift wird die rote Reihe in zwei Teile zerlegt und der erste Summand genannt. Das Kind nennt die gesamte Zerlegung.

b) Bei der Übung „Immer 20" wird mit einem Stift in der zweiten Reihe eine Zahl zwischen 10 und 20 gezeigt und genannt. Das Kind nennt die zugehörige Zerlegung von 20.

Zerlegen

Grundlage ist eine gegliederte Reihe von bis zu 9 Plättchen. Die Reihe wird mit einem Stift in zwei Teile gelegt. Die Anzahl der Plättchen links davon wird genannt. Das Kind bestimmt die Anzahl der Plättchen rechts davon. Variante: Das Kind nennt die Anzahlen beider Teile als Plusaufgabe.

Zahlenreihe

Grundlage ist eine in Fünfer gegliederte Reihe von 20 Plättchen. Beziffert sind nur die Plättchen 5, 10, 15 und 20. Das Kind nennt die Zahl, die sich hinter dem gezeigten Plättchen verbirgt. In die Abfolge der Aufgaben kann man Beziehungen einbauen, z. B. 6 und 16 oder 6 und 11.

Verdoppeln

Am Zwanzigerfeld ist die erste Reihe mit roten, die zweite mit blauen Plättchen belegt. Mit einem Papier wird rechts ein Stück abgedeckt, und es wird die Anzahl der sichtbaren roten Plättchen genannt. Das Kind nennt die Anzahl aller sichtbaren Plättchen. Die Aufgabe 5 + 5 = 10 ist dabei hilfreich.

Plusaufgaben

Am leeren Zwanzigerfeld werden rote und blaue Plättchen gelegt. Das Kind bestimmt die Summe. Um den Legeaufwand zu verringern, sollten die Aufgaben fortlaufend abgewandelt werden. Aus 4 + 3 kann man z. B. die Aufgaben 4 + 4, 5 + 4, 5 + 2 machen. Auf diese Weise werden die Aufgaben beziehungsreich gelernt.

Minusaufgaben

Am Zwanzigerfeld wird eine Anzahl blauer Plättchen gelegt, und dann werden einige Plättchen etwas weiter weg gerückt („minus"). Das Kind bestimmt die Anzahlen aller und der weggenommenen Plättchen und rechnet die zugehörige Minusaufgabe. Auch diese Aufgaben sollten fortlaufend abgewandelt werden.

Halbieren

Diese Übung hat große Ähnlichkeit mit der Übung „Verdoppeln" und basiert auf der gleichen Grundlage. Mit einem Stück Papier wird ein Stück der Zwanzigerreihe abgetrennt und die Anzahl aller sichtbaren Plättchen genannt. Das Kind nennt die Anzahl der roten Plättchen (die Hälfte).

Zählen in Schritten/Mini-Einmaleins

a) Auf der Zwanzigerreihe mit den Stützzahlen 5, 10, 15, 20 muss das Kind nach Vorgabe in Zweier-, Dreier-, Vierer- oder Fünfer-Schritten vorwärts oder rückwärts zählen. Dies ist eine sehr gute Vorübung für das Mini-Einmaleins.

b) Unter „Mini-Einmaleins" versteht man die Aufgaben von 1 · 1 bis 5 · 5. Am 5 · 5-Feld werden solche Aufgaben mit einem Winkel gelegt und benannt. Das Kind bestimmt das Ergebnis, wobei es die Kenntnisse von anderen Übungen anwenden kann.
Beispiel: 2 Dreier = 6 (Verdoppeln), 6 + 3 = 9 (Plusaufgaben). Also 3 Dreier = 9.